哲學研究叢書・宗教研究叢刊

宗教自由和東亞新興教會

以基督教福音宣教會為中心（下）

蔡至哲　著

目次

捌　新興教會的新冠疫情應對
——以基督教福音宣教會為中心的觀察

玖　臺灣主體性的追求與教勢發展
——以基督教福音教會為例

下冊
導言　揭開攝理教會的神秘面紗*

　　二〇一八年二月十八日，韓國基督教新興教會攝理教會總裁鄭明析先生終於結束了十年的牢獄之災。回想當初二〇〇九年，當韓國最高法院宣告有罪判決時，長期把攝理教會當作主要目標的韓國反邪教人士認為，這個教會應該很快就會滅亡消失。但令眾人跌破眼鏡的是，在鄭總裁被監禁的十年期間，攝理教會不僅沒有崩潰，反而在韓國和臺灣等其他國家大幅成長。

　　當然本來社會學家就會提醒反邪教人士，不要想當然爾以為只要把一位宗教領袖判刑入獄，這個宗教運動就會消失，但攝理教會的反對者必然也是十分失望。因此當鄭總裁獲釋，重新領導攝理教會後，反邪教者加倍地刊登那些攻擊攝理教會和其領導者的文字，還製作各種電視節目，造成這個教會的成員仍然持續被以各種方式歧視，甚至還發生被綁架進行去洗腦的可怕情況。然而，像這類長期以來針對幾個韓國新興宗教運動的現象，卻從未受到政府當局制止。

　　除了二十五年前法國人類學家 Nathalie Luca 的一本書和少量的文字，稍微呈現這個教會歷史的不同階段之外，我是唯一於鄭明析總裁出獄後真正研究攝理教會，並在二〇一九年三月和六月詳細訪談過他本人的西方學者。

　　我並不打算直接針對鄭總裁十年判決是否有罪或無罪採取某種特定立場。這並非學者的任務，但嘗試分析相同事件的不同敘述和其相互作用，以及這當中的社會影響，則是學術工作的一部分。我的研究

---

* 　本文作者為Massimo Introvigne。

目標是那些只關注鄭總裁的法庭案件的媒體特別會忽略的內容。因為
如果不分析鄭總裁的生平和教會的神學，就無法理解這當中的爭議緣
由，和攝理教會之所以沒有被打倒和崩潰的原因。

攝理教會的案例必然會引起宗教社會學家的極大興趣。反對者和
受他們影響的媒體，總是對那些被他們定義為「邪教」的教會居然沒
有消滅感到非常驚訝。更常見的反而是所謂的「邪教」越受到毀謗和
惡評他們的信徒也與日遽增。正如攝理教會的案例所呈現的，即便是
在民主國家判處領導人入獄，也不見得能「消滅」一個新興宗教，反
而還使之更蓬勃發展。

這個案例與社會心理學家 Leon Festinger（1919-1989）在一九五〇
年代做的社會學研究有點類似。他觀察到一個現象，如果某個宗教團
體宣布世界末日的日期後，經常會發生這樣的情況，也就是後來那個
日子來到時很明顯並沒有發生末日，但這個組織卻沒有消失，反而增
加了更多的成員。「當預言失敗時」，那些相信該組織的人並沒有放棄
他們的信仰，而是更加努力傳教，試圖解決「認知失調（cognitive
dissonance）」，藉由其他人的歸信中，找到對瀕臨危急存亡的信仰的
確信。這種「Festinger 症狀」理論在過去六十年間被多位主流社會學
家像是 Joseph F. Zygmunt、J. Gordon Melton、Lorne L. Dawson 等人討
論過。

不過最後他們總結，Festinger 論證說，當他們預測的事件未能發
生時，宗教運動不會被消滅是對的，但把這個論證說成是一種認知失
調的解釋卻是錯的。事實上，那本由 Festinger 及其同儕所寫的暢銷
著作《當預言失敗時》的書名可能有誤導性。對於真正的信徒來說，
預言永遠不會失敗。正如 J. Gordon Melton 所言，大多數團體即便面
臨外界否定他們預言的有效性，還是能宣稱預言已經成就了，只是，
是以信徒眼中才能理解的方式實現了。

　　正如一八四四年之後的千禧年復臨（Millerite Adventists）信徒
（其較大的分支後來成為基督復臨安息日會）和一九一四年之後的聖
經研究者（Bible Student）（其較大的分支後來成為耶和華見證人）的
歷史所呈現的，這些團體會藉由「屬靈化」的論述繼續重申他們的信
仰，宣稱預言確實還是發生了，但並非由人眼所見。根據 William
Miller（1782-1849）的計算，早期復臨信徒預計世界末日和耶穌的再
臨會是在一八四四年。當預言沒有發生時，最終聚集在 Ellen Gould
White（1827-1915）周圍的復臨信徒把預言詮釋成「屬靈化」的聖
殿。他們宣稱，耶穌基督在一八四四年進入了天上的至聖所，開始對
全部的生者和死者進行「調查審判」。數百萬人最後都接受了他們的
主張，於是興起了發展非常成功的基督復臨安息日會（Seventh-day
Adventist Church）。

　　也很類似的，早期聖經研究者預計世界末日會在一九一四年來
到。在發現他們的創始人 Charles Taze Russell 牧師（1852-1916）的
預言並未兌現後，一九一四年被重新詮釋為耶穌誕生的那一年。基督
被確定為天上的君王，因此為十四萬四千名「受膏者」開闢了通往天
堂與耶穌一起永遠為王的道路。一八四四年和一九一四年的預言失靈
並沒有導致復臨會信徒和聖經研究者的滅亡，反而是為他們蛻變為全
球性的運動開了道路，例如安息日復臨和耶和華見證人就因此增加了
數百萬成員。

　　一個被他（或她）的追隨者尊為先知和神人的（男性或女性）的
領袖，就算被捕、身陷控訴、判刑或因為刑事案件入獄（事實上性侵
害在這時代最常被用以攻擊不被所謂主流接受的宗教領導人），雖然
還是和末日預言未能實現有其明顯差異。不過當中仍有些相似之處。
一八四四年的復臨信徒運動，和一九一四年耶和華見證人前身的末日
預言運動的信徒，確實在一開始沒有預料到末日會是以無形的屬靈的

形式發生，他們原本以為會實際出現。攝理教會的追隨者一開始也沒想到，他們的老師鄭總裁最後完成使命的方式，是藉由被惡評、公開審判和長期監禁達成的。他們原本當然也希望鄭總裁會被越來越多人相信是一位善良、富有同情心且可靠的宗教領袖，世人們會像其他攝理教會的教友一樣完全相信他。

就像末日預言看似無法實現一樣，事實是，一個原本受人尊敬的宗教領袖即使後來命運和原本預期不同，也不見得會改變追隨者的基本信念。如果他們的信仰足夠堅定，如果虔誠且全然委身的宗教指導者能夠好好引導他們，如果那位領袖在監獄中依然繼續「與他們同在」，他們還是可能會繼續前進，甚至更成長。對於反對者來說是預言「失敗了」，領導者「被揭穿了」。但於信徒來說，預言並未失敗，而且宗教領袖反而填滿了其使命所需經歷的苦難。

當然，以基督信仰而言，其實這也不算是什麼新鮮事。當初使徒們也完全認為耶穌會在耶路撒冷得勝，會在他榮耀的國度中成為榮耀的主。但當他被逮捕、審判和處決時，使徒們不得不重新調整他們的信仰，或者以不同的方式理解這些事件。正如我們所知，他們非常令人欽佩地成功了。基督宗教不僅沒有消失，反而成長為世界上最大的宗教。

攝理教會在大學生中特別成功，他們當中的一些人現在正在成為講師和教授。身為學者的我們還是會把來自組織內部的「主位（emic）」觀點，和來自組織之外觀察者的「客位（ethic）」觀點（並不和 ethic 混淆）區別開來。

不過特別是在處理宗教問題時，我們不該忘了羅德尼·斯塔克（Rodney Stark）等學者的提醒，不要忽視主位觀點的重要性。主位觀點固然不是「中立的」，但他們對於提出問題並提供與外部人士進行比較的分析至關重要。

　　本書下編第一章是有學者身分的圈外人對攝理教會的研究，而其他章節比較是所謂主位觀點的研究。主、客之間自然是不應該混淆的。主位文本更有倡議性質，而學者的客位觀點還是會盡力去保持中立。主客之間的對話則會提供我們特殊而豐富的方法。讓我們能更深入新興宗教運動的研究。

陸　基督教福音宣教會（攝理教會）研究導論[*]

一　攝理教會年表

一九四五年三月十六日，鄭明析先生誕生於大韓民國忠清南道錦山郡珍山面石幕里月明洞。

一九五一年，鄭明析先生六歲時受洗信主。

一九六五年，鄭明析先生開始成為當地長老教會的主日學教師，也成為一名獨立的街頭傳道者。

一九六六年二月二十二日，鄭明析先生入伍參與越戰成為南韓部隊中的第九師。

一九六七年的八月二十六日，鄭明析先生結束了第一次越戰服役。

一九六八年二月十八日，鄭明析先生再次重返越南戰場。

一九六九年四月十五日，鄭明析先生結束了第二次越戰生涯。

一九七一年七月二十日，鄭明析先生出錢重建了故鄉的長老教會石幕教會。

一九七二年至一九七五年，鄭明析先生參訪了當時韓國的主流宗教和新興宗教，包含永生教和統一教會等等。

一九七八年六月一日，鄭明析先生移動至首爾傳道，正式開始建立教會的生涯。

---

[*]　本文作者為Massimo Introvigne。

　　一九八二年三月，鄭明析先生正式創立 MS 福音宣教會（之後改稱基督教福音宣教會，一般流行稱為攝理教會）。

　　一九八三年，鄭明析先生從衛斯理神學院畢業。

　　一九八七年一月，鄭明析先生於洛杉磯創立了海外的第一間教會。

　　一九八八年一月，鄭明析先生創立了臺灣的第一間教會。

　　一九八九年七月，鄭明析先生開始建設月明洞自然聖殿。

　　一九九九年，反邪教組織和惡評媒體開始在南韓大規模攻擊攝理教會。

　　一九九九年，鄭明析先生開始在世界各大洲進行世界宣教旅程，並展開文化交流活動。

　　二〇〇七年五月一日，由於南韓當局的要求，鄭明析先生在中國東北鞍山被捕。

　　二〇〇八年八月十二日，首爾中央法院一審因三件性侵案件判處鄭明析先生六年有期徒刑。

　　二〇〇九年二月十日，首爾高等法院推翻一審判決，除判處鄭明析先生其中一件性侵案無罪外，又加重其餘案件刑期為十年。

　　二〇〇九年九月二十四日，南韓最高法院確認駁回上訴。

　　二〇一八年二月十八日，鄭明析先生刑滿釋放，重新履行教會領導者之職責。

二　基督教福音宣教會和其創辦人的歷史

　　鄭明析（정명석，也做鄭明錫）於一九四五年三月十六日誕生於大韓民國忠清南道錦山郡珍山面石幕里月明洞。他是家中七子的老三，父母是一對貧窮的農人。鄭明析先生的父母在經濟上僅夠供他讀

完小學，小學畢業之後他就只能在家幫忙務農。[1]

到了六歲時，鄭明析先生第一次和石幕里的傳教士相遇，他對聖經很感興趣，即便他教育程度不高，但他不斷閱讀整本聖經。在幾次屬靈經驗後，在一九六五年他二十歲時，鄭明析先生開始在當地的長老教會擔任主日學教師。當時，鄭明析先生把自己所有的閒暇時間都投入在路旁傳道。他說自己不是為特定教派服務，被傳道的人只要去自己附近方便的基督教教會就好了。

鄭明析先生人生戲劇性的轉變發生在一九六六年二月二十二日，鄭明析先生入伍參與越戰成為南韓部隊中的第九步兵師（陸軍第九師團白馬部隊）。他在越南待到一九六七年的八月二十六日，而且又再次於一九六八年二月十八日和一九六九年的四月十五日被召回越南戰場兩次。服役期間他得到不少榮譽獎章，包括「Order of Military Merit medal」。根據鄭明析先生口述，他在兩次參戰期間下定決心持守信仰，思考基督徒就是不能殺人，包括自己的仇敵在內。這些見證故事的真實性都得到過鄭明析先生越戰戰友們的認可。[2]

從越南回來後，鄭明析先生重新務農，也繼續進行傳道活動，並決定將大部分積蓄和時間用於重建當時極為貧困的石幕里長老教會。新的教會在一九七一年七月二十日落成。然而，多年來他一直對長老教會的教導有疑問。他開始請朋友們幫忙繪製圖表來呈現他對聖經的理解，這使他與長老教會走上不同的道路。在一九七〇年代的大多數時間中，鄭明析先生參訪了幾個主流宗教和新興宗教，除了傳統基督教，還有大巡真理會（대순진리회）和圓佛教（원불교）等。[3]

---

[1]　Akimoto 2019; two interviews with Jung conducted in Wolmyeongdong in March 19, 2019 and June 5, 2019.

[2]　鄭明析2020。

[3]　Christian Gospel Mission 2017：95.

　　他去過當時的主流基督教教派，如衛理公會、浸信會和羅馬天主教會，以及其他新興宗教運動，包括耶和華見證人和羅雲夢（나운몽，1914-2009）創立的龍門山祈禱院（용문산기도원）。羅雲夢對鄭明析先生有某種程度的影響，鄭明析先生後來將他視為「大先知」。[4]羅雲夢於一九六六年因異端問題而被長老教會開除，但在他死後，他的兒子領導其團體與衛理公會合併。[5]

　　在一九七四年的十一月，鄭明析先生拜訪了統一教會。在一九七五年的三月二十日，他「被註冊」為由文鮮明（1920-2012）所創立的統一教會成員。鄭明析先生的教會常被人視為從統一教會分出來的派別。但鄭明析先生則回應在一九七五年的當時，一個人要「被註冊」為統一教會成員是很容易的，因為他們為了讓人數快速增加，只要有參加過他們聚會的人都可以被登記為正式成員。然而，鄭明析先生只是承認在一九七八年之前，他偶爾會在統一教會的一些活動中發表過演講，並且鄭明析先生在接受我（Massimo Introvigne）的訪談時，他將文鮮明與自己的關係比喻為如同施洗約翰與耶穌的關係。

　　鄭明析先生也說，在一九七八年他聽到來自屬天的聲音告訴他：「不要尋求伯特利，不要去吉甲。」這些是聖經中提到的地點，鄭明析先生將伯特利詮釋為當時主流的新教教會，而吉甲則表示統一教會。一九七八年六月一日，鄭明析先生正式前往首爾，決心開展自己的獨立宣教事工。他聲稱他帶著相當於三百美元的生活費和他的圖表來到首都，並相信這些圖表會引起人們的興趣。通過街頭布道，他開始聚集了小眾的追隨者，後來他們增長到幾百人，然後到幾千人。一九八二年，他成立了 MS 福音協會，後來被稱為基督教福音宣教會，一般也被人稱為攝理教會。

4　Christian Gospel Mission 2017：95.

5　Encyclopedia of Korean Culture 2014.

　　鄭明析先生在首都的新教牧師中找到了一些朋友。儘管他原本受的教育有限，但他們還是設法讓他進入衛理公會的衛斯理神學院就讀，並於一九八三年在那裡得到正式學位。鄭明析先生參訪了眾多韓國的大學，並在大學生中聚集了相當多的追隨者。他們當中的一些人開始去海外宣教，這使得攝理教會在一九八七年一月在洛杉磯建立了韓國以外的第一間教會，也在一九八八年一月於臺灣建立了第一間教會。這段時間教會主要是在大學生中迅速成長。日本、澳洲和紐西蘭也是攝理教會宣教成功的海外國家。一九八九年，鄭明析先生開始領悟過去夢中啟示的意義，就是要在他的家鄉石幕里建造一座「自然聖殿」（一個沒有人工圍牆，但有一些宗教象徵意義的雕像和其他神聖藝術品，建造在大自然中的聖殿）：月明洞。他的追隨者也開始稱他為「鄭總裁」。

　　在一九九〇年代，攝理教會在韓國和世界各地擴展宣教，大約快七十多個國家都成立教會，擁有數萬名成員，但也被高度活躍的韓國新教反邪教運動[6]視為「異端」。眾多的年輕女性信徒（儘管明明也有眾多年輕男性信徒）的存在也引起了外界的懷疑。鄭總裁對年輕女性「性指導」的謠言在一九八〇年代後期開始流傳，並被民族學家Nathalie Luca 在她一九九四年的博士論文[7]和一九九七年的法語作品《*Le Salut par le foot*（暫譯：通過足球來的拯救）》中懷疑是有可能性的。根據 Luca 在韓國的田野觀察，[8]她說她自己根本沒有受到任何性騷擾，不過也許她留在那更長時間，而不是提早回到法國搞不好就會發生？[9]我（Massimo Introvigne）訪談過的少數對 Luca 還有記憶的成員說，

6　Kim 2007.

7　Luca 1994.

8　Luca 1997；另見Luca 1998, 1999-2000.

9　Luca 1997：20-21.

這些人根本不知道原來 Luca 在進行田野，而且她確實曾經是教會的「成員」。可以預期得到，記得她的人們也都強烈反對她書中的論述。

　　雖然 Luca 的書在韓國幾乎沒有任何影響力，但 SBS 電視台（TV network Seoul Broadcasting System）於一九九九年報導性侵的傳聞，立刻使教會成為全國關注的焦點。在接下來的七年中，鄭總裁離開韓國前往海外宣教，媒體卻不斷繼續報導這些謠言和傳聞。鄭總裁在二〇〇七年於中國被捕，二〇〇八年被迫回到韓國，他最後被判處十年監禁。（這些事件在下面的「議題和挑戰」中討論。）

　　令人驚訝的是，在鄭總裁入獄的十年間，攝理教會不斷發展壯大，令批評者感到很震撼。鄭總裁在獄中繼續透過書信領導教會。擁有教名為鄭朝恩的金智善女士被任命為「代表使徒」，她將鄭總裁在國外和後來入獄期間所寫的福音訊息傳遞給教會。二〇一八年二月十八日冤獄刑滿後，鄭總裁返回月明洞，再次領導已經擴張不少的教會。我（Massimo Introvigne）親身田野參訪了月明洞、首爾和臺北的教會活動，並訪談了幾位重要成員，也訪談過記者和惡評者。所有人都同意，在鄭總裁被監禁期間和之後的時間中，攝理教會的聚會出席人數完全沒有減少。

三　教理和信條

　　批評者認為鄭總裁的核心教義（所謂的「三十個論」）與統一教會的原理講論有點相似。這種關係被說成抄襲，或者至少是「統一教會教理的2.0版」（Luca 1997：31）。韓國當地批評者還攻擊鄭總裁「剽竊」了羅雲夢或韓以諾（Han Enoch）的說法。但是鄭總裁則說，不論是文鮮明、羅雲夢或韓以諾都有自己的先知使命，不過文鮮明在妻子的影響下走偏了文鮮明原本該有的使命，而鄭總裁自己本身，則另外

有不同的使命。也許文本內容之間有些許的相似之處，但關於鄭總裁「抄襲」文鮮明的說法，或者說他只是稍微弄了「更新版」的原理講論的論點，是很令人質疑的。因為你只要仔細閱讀「三十個論」，就會發現雖然有少部分相似之處，但也有很多重要的關鍵差異所在。

　　「三十個論」奠基於基督宗教應該更符合理性和科學的理念，聖經中的神蹟和其他事件如果看似違反自然法則時，就應該以象徵性的方式被詮釋。攝理教會的解經學有四個基本原則：解開比喻的以經解經；回到歷史脈絡的「時代性」解經；區分「靈」和「肉」的雙重詮釋觀點；還有聖經數字解經學。

　　鄭總裁以三位一體的形象教導說，人類由三個部分組成，靈、魂、體（他說這一教導來自帖撒羅尼迦前書5:23）。屬魂的心智不是人類靈魂的組成部分，而是身體的一部分。人有不同的靈魂層次：生魂與肉體相通，而覺魂允許與靈體和靈界的相通。根據鄭總裁的說法，進化論是有些問題的，動物雖然有身體和生魂，但沒有覺魂和靈體，因為肉身是無法進化發展出魂體和靈體的。宇宙是按照神設計的自然法則發展的。

　　魂體是身體和精神之間的媒介。當我們在夢中看到自己時，我們看到的是自己的「魂體」。有一些屬靈方法可以讓我們進入夢境之外的「魂界」，這是可以被訓練的能力，因為在魂界中，我們可以更好地辨別我們自己和其他人的想法，並在某種程度上預測未來。死亡時，肉身的身體死亡了，但包含所有記憶的魂體仍然存在，就像「從電腦上取出的記憶體」一般，會與靈體成為一體。[10]在我們還活著的時候，我們的善行或惡行就會左右我們靈的命運，決定未來將會住在生命圈還是死亡圈；此外除了善的天國和惡的地獄外也還有一個中間靈界[11]。

---

10 Jeong 2019:I, 21; Personal Interviews 2019.

11 Jeong 2019:I, 22.

　　根據攝理教會的說法，天國和樂園是不一樣的。世界分為六個主要層次（更仔細且複雜的來說，應該是有千層萬層）：地獄、無底坑、陰間；善靈界、樂園和天國。天國也分為神的僕人、子女和新婦三個層次（也對應於舊約、新約和成約）。善靈界和陰間（也稱惡靈界）是一種地上靈界，靈界的不同層次是根據我們今生所行所為，然後決定我們靈魂將有的所歸之處。基本上，我們要去哪個靈界，已經左右於我們在屬肉生命中所做的事情，只有在某些特殊情況下，靈體還能在靈界中繼續自我提升。靈體可以去比自己低階的靈界，但不能去比自己更高階的靈界。雖然在地上，我們看不到靈界，但我們可以藉由「變得屬靈」、「體會聖經」、接收屬靈夢境，以及向天所差來的使命者學習其精神而更了解靈界的奧秘。[12]

　　神（在攝理教會的神學中被視為男性）創造了人類作為祂的新婦（無論他們是男性還是女性），並與之相愛。由於「神的創造的目的就是愛」，[13]大天使路西華（Lucifer）卻反對神創造人類，因為牠嫉妒人類比天使更接近神。神原本可以立即將牠扔進地獄，但卻將之放逐到人間，讓路西華有機會悔改。但牠繼續與神為敵，引誘夏娃墮落。善惡樹上的果實是女性的性器官，[14]餵夏娃吃它就是說在被蛇（路西華）精神上誘惑後與亞當有了性行為。那些熟悉統一教的人可能會覺得這個說法有其相似性。原罪是性行為的這一事實並非表示神認為性本身是有罪的。完全陷入在性生活中，或者說在屬靈成熟之前，就先墮落的性行為才是罪惡的。

　　由於墮落，天使長變成了撒旦，夏娃、亞當及其後裔不能成為神的新婦，只能先是僕人。也許三位一體的造物主原本可以將人類創造

---

12 Jeong 2019：IV：78-83.

13 Jeong 2019：II，17.

14 Jeong 2019：II，75.

為完美無罪的，但實際上並非如此，因為克服了不完美和誘惑，較之神強加給人且不用努力的愛更加有價值。

　　時機來到，聖子藉由耶穌基督開啟了救援的道路。我們因聖子的使命而得救，聖子是三位一體的第二位格。不過攝理教會其中一個關鍵教理是：聖子和耶穌「並非同一位」。[15]聖子是全知全能神的存在，沒有可見的身體。祂「藉由耶穌降臨」，[16]讓耶穌成為彌賽亞，透過這一個人拯救全人類。後來復活的是耶穌的靈體，而不是耶穌的肉身，因為人類的肉體身軀不會復活。在向門徒顯現之後，耶穌的靈升天了，而聖子藉由耶穌繼續動工，坐在「神的右邊」（彼得前書3:22）。因此，坐在父右邊的不是耶穌，而是聖子。[17]

　　藉由耶穌基督的使命，人類能夠成為神的子女，而不再是僕人，但還沒成為地位更高的神的新婦。人類如果要成為神的新婦，就需要迎接到再臨。許多基督徒相信耶穌會再來，但實際上來的不是兩千年前的耶穌本人。聖子在不同的時代會透過不同的人動工，他們因此受到迫害和苦難。耶穌時代是「子女層次」，現在則是「新婦層次」的時機到了。[18]正如聖子在第一次降臨時使用耶穌一樣，聖子在第二次降臨時再次出現，使用「一個合宜的人」，他將在救援的歷史中扮演關鍵角色，但他仍然只是一個人，「一個地上的人，就像當初拿撒勒人耶穌一樣」。[19]

　　一些基督教教派也期待聖子在第二次降臨時「駕雲而來」（馬太福音24:30）。但根據攝理教會的說法，事實上「雲彩」是希伯來書12:1中的「見證人的雲彩」（即相信再臨的那些「人雲彩」）的比喻。

---

15 Jeong 2019：Ⅰ，54.

16 Jeong 2019：Ⅰ，55.

17 Jeong 2019：Ⅰ，57.

18 Jeong 2019：Ⅲ，20-9.

19 Jeong 2019：Ⅰ，59.

縮小來看，「雲」比喻「使命者」本人，擴大來說，「雲」代表那些相信他的使命的人。攝理教會認為這個「使命者」就是鄭總裁，我們可以藉由解開聖經的時機和數字學確信這一點。

　　三位一體在歷史中通過「一載二載半載」這一個關鍵的時機法則在歷史中動工，這在但以理書（但以理書7:25和12:7）中出現兩次，在啟示錄（12:14）中也有出現。根據傳統的「一年頂一日」的原理，一載二載半載可以表示三天半、三年半（1260天）或一二六○年。[20]這種數字學是其原理的「縮小化」版本的一部分。[21]還有一個放大版，其原理與以西結書4:6和民數記14:34的數字有關，可以指四十、四百或四千年（個人為40年，民族或者國家是400年，全世界則是以4000年來看）。亞當和諾亞之間經過了四次四百年的蕩滅，也就是一六○○年。諾亞和亞伯拉罕之間，約瑟和摩西之間也有四百年。全世界範圍預備迎接耶穌的等待期間是舊約四千年，耶穌也是在舊約最後一位先知瑪拉基之後四百年後到來的。新約持續了舊約的一半（即2000年），而成約的使命者應該在馬丁路德（1483-1546）之後四百年出現，馬丁路德被攝理教會視為新約的最後一個先知，同樣的他也是在耶穌之後一六○○年出現的。[22]由於路德於一五四六年去世，聖子使用的使命者應該是一九四五年出生的，這就是在說鄭總裁（誕生於1945年3月16日）。此外，一九四五年也是日本殖民韓國四十年（從一九○五年到一九四五年之間）日據時代的結束。

　　但以理書7:25和12:7的一二六○日（或一二六○年）週期也與但以理書12:11的一二九○日以及但以理書12:12的一三三五日有關，使攝理教會的聖經數字學更加複雜。只有使命者能解開其封印，揭開但

20　關於其歷史，詳見From 1946-1954。

21　Jeong 2019:I, 77.

22　Jeong 2019：I, 79 和 III, 89.

以理書12:7的奧秘，即「神的天法」和「歷史的鐘錶」，[23]而使命者確實在對的時機達成旨意。

鄭總裁承認「一載二載半載」的原則在一九四〇年代已經被韓以諾點到過。鄭總裁說，韓以諾針對「一載二載半載」揭開了部分的秘密，這表示韓以諾是一位真正的先知。然而，韓以諾只了解到「一半的秘密」，因為他的一些解釋還是有問題的。[24]

但以理書12:11還提到了從「除掉常獻的燔祭，並設立那行毀壞可憎之物」開始的一二九〇日。對於攝理教會來說，所謂的「毀壞可憎之物」的事件之解釋是指建於西元六八八年耶路撒冷的清真寺的歷史事件，在猶太人聖殿山上常獻的舊約燔祭至此被伊斯蘭取而代之，六八八加一二九〇則是一九七八年，這是鄭總裁開始宣講成約福音的起點。從一九九九年到二〇一二年，攝理教會在「復活」之前有四個三年半的「墳墓期間」。攝理教會認為一九九九年也是諾氏（Nostradamus, 1503-1566）預言為「末日」的時機。[25]二〇一二年世界上發生了各種各樣的徵兆和對末日的期待。從二〇一三年開始，攝理教會完全脫離了新約而獨立，歷史正式進入了成約時代。[26]

攝理教會教導的聖經數字學同時也證明了鄭總裁的使命和世界和平之間的關聯。一九四五年，鄭總裁出生，韓國從日本手中獨立，那年也是聯合國成立的一年。在鄭總裁開始在歐洲開展和平文化交流活動的那一年（一九九九年），歐元作為歐洲共同貨幣被引入。鄭總裁在一九九九年十月三十一日，訪問義大利時，受到聖子指示前往米蘭大教堂祈禱。當時他想，由於他的信仰成長背景來自新教傳統，不明

23　Jeong 2019:III,108.

24　Christian Gospel Mission 2017：105.

25　Jeong 2019：I , 95.

26　Jeong 2017:III, 89.

白為什麼要神要引導他進入天主教堂祈禱。然而，他後來了解到，當日天主教和路德會代表在奧格斯堡簽署了關於稱義教義的聯合聲明（Lutheran World Federation and Catholic Church 1999），這是天主教徒和新教徒雙方和解的歷史里程碑。[27]

聖經數字學也證明了鄭總裁是成約的使命者。攝理教會教導說，鄭總裁的生平和事工也是證據。鄭總裁把一生完全付出，獻上對聖子的愛，成為聖子的新婦而得到他的使命，並向成千上萬也將成為神的新婦的人們（無論他們是男是女）傳道。

一部分新教基督徒相信「被提」，攝理稱之為「空提」，也就是相信到了末世的特定時機，有堅定信仰的信徒將「空提」與基督同在天國的話語。根據一些傳統基督徒對「被提」的詮釋，被提之人將因此免於《啟示錄》中預測的末日災難，部分人則認為「被提」會在這些災難之後發生。攝理教會對「空提」有不同的解釋。他們認為這是一個屬靈的事件，而不是肉體的事情，而且這件事情已經在二〇一五年三月十六日發生了。

儘管鄭總裁在二〇一五年尚在獄中，但攝理教會認為在那一天發生了關鍵的屬靈事件。鄭總裁七十歲了，六千年的救援歷史完成了。三月十六日（3／16），除了是鄭總裁的生日（也許正因為是他生日）之外，還有一個數字意義，三代表三位一體，一代表鄭明析牧師，六代表六千年的縮小，但最終的「空提」之日是神預定的。在那一天，聖子升天到了祂現在所在的天國寶座。[28]

從二〇一五年三月十六日那天開始了另一個「一載二載半載」（如前所述的三年半），「空提」的人會提升屬靈的層次。二〇一五年

---

27 Jeong 2019：I , 96-97.

28 Jeong 2019：III，72-73.

三月十六日之前的三年半也很重要，當時攝理教會成員努力持守對信仰的忠誠，即便教會的領導人被監禁，人們也還是遵循神話語的指導。那些沒有這樣做的人則不太容易「空提」，[29] 不過只要鄭總裁還活著，仍然還有「空提」的機會。更準確的說，「空提」表示自己的靈得以進入天國黃金城。這有四個條件：一是順服神的話語得勝撒旦；得勝那些惡評攝理的人；在亞當和夏娃失敗的地方重新立起條件愛神，而不是在異性上墮落；絕對相信神所差來的救援者（即鄭總裁）。此外，就像耶穌的復活一樣，「空提」是屬靈的，而不是肉體空提。空提的靈體會變得美麗燦爛。[30]

二〇一五年三月十六日之後，「空提」更加激怒了撒旦，牠試圖透過人來干擾空提的人，對「空提」的人造成痛苦，以錯誤的方式迷惑他們說「他們沒有空提」。有些人跌倒了，有些人設法得勝了撒旦。

攝理教會相信三位一體，但是認為聖三位是由三個「獨立的位格」組成。聖父和聖子是男性，聖靈則是女性，也被稱為母性神。身為女性後來改名為鄭朝恩的金智善牧師，被樹立為「聖靈的象徵體」，[31] 並於二〇〇九年開始擔任「聖靈運動的復興講師」。根據攝理教會的說法，鄭朝恩牧師領受了與聖靈有關的使命，因為她在新時代為了見證神的話語付出了極大的努力，堪比使徒在五旬節領受聖靈後的努力。攝理教會也有明確說明，鄭朝恩牧師和鄭總裁的關係絕對是信仰上的同工。鄭朝恩牧師發誓要終生守貞不婚，正如攝理教會其他那些也發誓獨身的神職人員一樣。

---

29 Jeong 2019:IV, 118.

30 Jeong 2019：III, 60.

31 Jeong 2019:IV, 39.

四　儀式與信仰實踐

　　正如其他觀察者從攝理發展早期以來所觀察的那般，[32]攝理教會的敬拜豐富，但不會太僵硬、形式化。大學生和其他會員參加聖經課程或社團，在那裡他們學習聖經課程，閱讀鄭總裁的話語，彼此之間進行活潑的討論。鄭總裁在月明洞親自進行的禮拜，其中幾場我（Massimo Introvigne）也直接參與過。這當中包括他親自證道，或其他牧師的分享，還有很多的讚美音樂敬拜。證道主題圍繞著攝理教會對聖經的詮釋及其神學的闡明，像是「三十個論」當中所言一樣。攝理教會建議成年會員內部通婚，並組織「聯誼社交活動」，讓來自不同地區或國家的男性和女性會員見面（譯者註：大部分都是同一個國家、同一個種族），最後可能會決定約會和結婚。攝理教會研究報告說，這些參加祝福式婚姻的離婚率不到百分之一。

五　組織和領導

　　攝理教會沒有公布具體統計數據，但承認其成員數以萬計，這數字是甚至連批評者也接受的。如果包括韓國以外各國的所有群體，那麼十萬人也許是一個可靠的數字。

　　鄭總裁是教會無可爭議的領導者，即使在獄中期間，他也繼續履行他的職分，也有一群資深牧師協助。如前所述，鄭朝恩牧師作為聖靈運動的復興講師有其特殊的角色，韓國媒體常稱她為鄭總裁的指定接班人，但攝理教會並未證實這樣的說法。

　　教會的正式名稱是基督教福音宣教會。就像耶穌基督後期聖徒教會被稱「摩門教」，或是公誼會（Society of Friends）被叫「貴格會」

---

32 Luca 1997:28.

一樣，「攝理教」一開始也被批評者使用來稱呼教會，現在也是教會的常見名稱。教會現在或早期曾經也被稱為「耶穌晨星」（JMS）。相同的字母 JMS 是鄭總統（Jung Myung Seok）的全名字首字母的縮寫。

攝理教會在每個國家都有不少自主運作的政府立案法人組織，儘管韓國教團有一個國際宣教局協調其中，但是像日本和臺灣這兩個最大的外國教團，是享有相當大的獨立自主權。

各地教會由一名或多名牧師牧養，牧師可以是男性或女性。在不同的國家，包括韓國、臺灣和日本，都有訓練牧者的神學院。

有部分成員決定保持獨身，以便能夠將更多時間奉獻給教會。他們被稱為「信仰明星」，這就是當初媒體上關於所謂「常青樹」的謠言來源，他（她）們被媒體描述成發誓只與鄭總裁發生性關係的年輕女性成員。然而根據攝理教會的說法，這些完全都是捏造出來的，「常青樹」從未是官方獨身成員的稱號，而且「信仰明星」根本不只有女性，當中也有不少男性。

在輔助活動中，攝理教會有其體育部門時常組織足球賽事，包括二〇一七年的全國和平盃錦標賽。攝理也會向社會推廣棒球、壘球、排球和籃球等運動。他們運動中堅持要有團隊運動，教導團隊精神，將之類比為基督徒的團契生活。

藝術團致力於視覺藝術、音樂、舞蹈、設計和時尚走秀的不同部門。鄭總裁本人也是一位多才多藝的畫家、詩人，即便在他被監禁的期間，他的作品仍在多個國家展出。臺灣和平交響樂團成立於二〇一三年，曾在多個國家巡迴演出，被視為教會熱愛音樂的最專業成果。

基督教福音宣教會的志工團也推動公益服務，像是主動清潔山區和海灘的生態環境，也嘗試幫助窮人和老人（不僅限於攝理教會內部的人）。由於參加教會的高中和大學生人數眾多，志工團還提供學校申請入學輔導和生涯輔導服務。

六　議題和挑戰

對攝理教會的指控主要是性侵問題（有時也被說會使用迂迴傳教）。本文在此將會檢視這些性侵案件的一些細節，以呈現其複雜性。社會和文化因素在這當中扮演了重要角色，形塑了這類事件的過程。也會討論這些案件的發生對教會運作和發展所造成的影響。

第一種批評通常是直接攻擊非主流的各類韓國基督信仰類型的新興宗教。和其他團體一樣，攝理教會也會使用各種不同的名稱。儘管這些名字也能反映出教會很有活力，在不同國家／地區有不同種類的組織模式，但毫無疑問地，「攝理」這個名字某種程度上還是盡量避免公開使用，因為經過性侵案件的指控之後，在媒體上都是不好的評價。正如其他韓國新興宗教所發生情況的類似，這也造成了惡性循環。攝理教會在媒體上受到的攻擊越多，導致他們在首次邀請有可能性的新人參與其活動時，就越容易改用其他名稱，這也反過來導致更多媒體對其迂迴傳道策略的批評。

當成千上萬的大學生因為教會的學生社團和校園活動認識了攝理教會之際，韓國和某些國家的公眾輿論，反而是因為有人指控鄭總裁性侵的高知名度的案件後，才知道有這個教會。

一九九九年在媒體的惡評攻擊後，鄭總裁離開韓國進行世界宣教，但他的反對者卻繼續在國外追蹤他，導致他也曾在日本、香港和臺灣等其他國家受到調查。一個名為 Exodus 的反邪教組織根本就是為了專門反對攝理教會而成立，Exodus 組織故意找了一些蒙面女子現身在韓國和其他國家的記者會中，講述了她們是如何被鄭總裁騷擾的過程。二〇〇七年五月一日，應韓國當局的要求，鄭總裁在中國東北的鞍山被捕。他在二〇〇八年二月回到韓國。據律師所言，鄭總裁是自願應韓國當局的傳訊到案說明，而非被中國引渡。

　　二〇〇八年八月十二日，首爾中央地方法院以三項強制性交罪判處鄭總裁六年監禁。儘管攝理教會的資金根本和鄭總裁個人財產之間不易區別，鄭總裁卻還因為挪用教會資金之名而被判刑。二〇〇九年二月十日，首爾高等法院推翻一審判決的部分內容，判定鄭總裁第四件強制性交案是無罪的，但綜合其他案件卻反而加重鄭總裁的刑期至十年。二〇〇九年九月二十四日，韓國最高法院維持了首爾高等法院的判決，鄭總裁自此在監獄中一直待到二〇一八年二月十八日才刑滿結束。

　　關於性侵案的指控存在著三種彼此衝突的說法。法院的敘述是，一九九九年後有四名韓國女性在韓國以外的國家遭到鄭總裁的性侵。這個判決並未對攝理教會是否真的有進行「性指導」採取任何立場，卻直接判定這些女性的證詞是可信的，法官直接接受傳聞中攝理是一個邪教教會的看法，認為教會成員都已經被領導者「精神操縱」了。

　　需注意的是，韓國刑法在妨礙性自主罪章區分了三種不同的犯罪型態：強制性交罪（涉及暴力脅迫與性器接合，第297條）、強制猥褻罪（涉及暴力脅迫，不涉及性器接合，第298條）以及「準強制性交罪和準強制猥褻罪」（不涉及暴力脅迫，第299條）。後一部分涉及被告利用受害者「無意識或無法抵抗」的情況。在鄭總裁的案件中，所有受害者（在此都用代號保護隱私）都是韓國女性。A 和 B 聲稱在香港被猥褻，C 和 D 在中國鞍山市，E 在馬來西亞。在 A 和 B 的案件中，針對強制性交罪部分，鄭總裁被判定無罪，法院並不認為鄭總裁有任何暴力或恐嚇的行為，但是卻判定鄭總裁有未經同意形式的猥褻行為，構成準強制猥褻罪，因為 A 和 B 雖然沒有被脅迫或恐嚇，但她們在心理上是「處於無法反抗的狀態」。

　　C 最終成為反邪教組織 Exodus 的主要公眾代言人。D 最終撤回了她的指控，因為她說其實是 C 教唆她說謊。C 在審判中是一個強有

力的指控者，而且法官也相信她宣稱她在洗澡時被鄭總裁以暴力壓制並強姦。辯方辯稱，C 明明是個武術冠軍（180公分以上的跆拳道冠軍），可以輕鬆抵抗一個當時已經六十一歲的老先生（鄭總裁），但她的證詞卻仍然成立。

在 E 的案件中，地方法院的法官認定鄭總裁在所有指控中都是無罪的，並得出結論認為，根據 E 自己的說法，都沒有發生過暴力或威脅。然而，高等法院卻推翻了這一決定，並辯稱，由於 E「相信鄭總裁是耶穌」，因此她就必然處於「無法反抗」的心理狀態，因此鄭總裁被判「準性侵罪」。

辯方也爭論說，這些指控者都參加了 Exodus 組織的「聚會」，在那裡她們都接受了反邪教者的教育。地方法院和高等法院認定有這個事實沒錯，卻認為這和本案無關。事實上，在所謂「邪教」的相關案件中，這是一個常被討論的問題，那就是一個認為自己的男性靈性領袖擁有特殊神聖使命的女性，是否就真的就會處於一個「無法抗拒」從他而來的性侵、性騷擾的狀況？所以這背後根本就涉及了洗腦和精神操縱的指控，也就是說即便就算是一件「合意」事件，那麼這個「合意」也是藉由所謂的「精神操縱」製造出來的「準性侵」的結果。根據法院的說法，這就是 A、B 和（在上訴案件中）E 的狀況，而 C 的案件則是成立強制性交罪（涉及暴力脅迫而非精神操控）。

還有一種說法在韓國和其他媒體上很常見，就是宣稱鄭總裁被判刑的四起案件只是冰山的一角，其實女信徒在攝理教會中被「性指導」是很普遍的現象，甚至可能還在其他數千人身上也發生過。Nathalie Luca 也認為這些說法有其可信度。[33]但韓國法院最後發現所謂的「性指導」根本就不存在，大部分的指控都是誇大不實，宣稱案

---

33 Luca 1997.

件發生的時間甚至還涵蓋了鄭總裁在監獄服刑的期間。攝理教會因此贏得了不少件針對不同韓國媒體的訴訟。法院雖然有允許媒體公布某些判決細節，但同時也把媒體無端影射攝理教會中發生大量性侵，或性指導事件的報導判為毀謗。法院還發現，媒體會篡改鄭總裁的照片和錄音，好使鄭總裁看起來更邪惡，或者更像一名罪犯。部分記者和媒體不得不因此發表道歉聲明。[34]

　　第三種說法是攝理教會的成員真心相信的，也就是惡評者和反邪教者的陰謀編造了關於性指導和性侵的傳言，這些事情全部都是子虛烏有。後來人們更發現是因為，反邪教者找到了一些懷有報復心理的前成員和女性，主要目的是從鄭總裁那裡勒索金錢，從而導致了鄭總裁被審判和定罪。他們說，在韓國的社會文化氛圍中，被媒體和強大的主流教會稱為「邪教教主」的人根本不可能指望得到法官的公平對待。鄭總裁本人也都一直否認所有指控。

　　除了上面討論的因素之外，還有其他幾個因素，使得後來該如何討論相關問題的真相變得更複雜。一個原因是，過去韓國歷史上的幾個團體在某個時刻真的曾經進行了「性指導」。大部分的（如果不是全部）韓國基督教新興宗教運動又曾和一個共同的母體有某種淵源，即所謂的「耶穌教會（Jesus Churches）」，這些一系列韓國基督教新興宗教運動，包括聖主教會（Holy Lord Church）、Inside Belly Church，（Bokjunggyo）、以色列修道院和曠野教會。

　　這些運動因其進行「피가름，p'ikareun」而惡名遠播，這是領導者和追隨者之間的「血液交換」，至少在某些情況下涉及性交。[35] 文鮮明牧師和作為韓國基督教新宗教整個譜系起始的橄欖樹運動的創始人樸泰善長老（1917-1990），都曾與耶穌教會有過接觸，因而也被控

---

34 Christian Gospel Mission 2017詳細討論了這些案例。

35 Choe 1993：140-45；Chryssides 1991：91-103.

從事「血液交換」活動。然而在這些新興宗教中，到底有多少團體真的施行這些「血液交換活動」？絕對是很有爭議的。但由於有過這些先例，韓國反邪教團體和主流教會就指責所有「異端」運動都進行「性指導」。

其次是人口統計。攝理教會的會員主要由大學生組成，女學生佔了大多數，但也有百分之四十是男性。這些女性的穿著風格與各自國家的普通大學生沒有區別，不過卻和大多數韓國主流新教教會的保守習慣相去甚遠。在大學派對上被視為很正常的事情，卻可能被保守的韓國新教徒視為有問題的、可恥的。此外，由於攝理教會教義教導外在美是內在美的呈現和象徵，因此女性成員會敢於表達身體的外在美。

為何這些影射教會存在性指導的指控有其重要性呢？這是因為攝理教會的歷史某個程度上也反映出其他新興宗教運動的發展歷程。重新檢視本案有助於更清晰準確的了解事件真相，也能把這當中的複雜因素呈現出來。在本案中，同時出現了前成員充滿激情地指控，也存在現任教友同樣充滿激情地否認，可以說這類類型的案件爭議，為具有共同歷史系譜的其他宗教文化群體留下了重要記錄。這種特定的法律案件類型，聳人聽聞的媒體報導，深刻影響了接下來一連串事件，從提出指控到後來法院判決，以及這中間雙方的攻防過程。對訴訟的雙方來說，顯然是處在一場高風險的衝突中，由於根本上缺乏明確性的事證，給雙方留下了很大程度的不確定性和揮灑空間。以上內容對宗教學者而言之所以深具參考價值，是因為這不僅是攝理教會的歷史，也可作為許多其他當代宗教運動的歷史及其發展軌跡的參照。

參考書目

Akimoto, Ayano. 2019. 命の道を行く：鄭明析氏の歩んだ道(Going the Way of Life: The Path of Mr. Jung Myung Seok). Tokyo: Parade.

Choe Yoong-Jun. 1993. "The Korean War and Messianic Groups: Two Cases in Contrast," Ph.D. Dissertation, Syracuse University.

Christian Gospel Mission. 2017. *Handbook for Defence Against Slander*. Wolmyeongdong, Seokmak: Christian Gospel Mission.

Chryssides, George. 1991. *The Advent of Sun Myung Moon: The Origins, Beliefs and Practices of the Unification Church*. New York: St. Martin's Press.

Encyclopedia of Korean Culture. 2014. "용문산기도원" (Yongmunsan Retreat Center). Accessed from http://encykorea.aks.ac.kr/Contents/Item/E0076655 on 12 August 2020.

Froom, LeRoy Edwin. 1946-1954. *The Prophetic Faith of Our Fathers: The Historical Development of Prophetic Interpretation*. Washington DC and Hagerstown, MD: Review and Herald.

Jeong, Myeong-seok [Jung, Myung Seok]. 2020. *War Was Cruel: Love and Peace in the Vietnam War: 1966-1969*. Artesia, California: Evergreen.

Jeong, Myeong-seok [Jung, Myung Seok]. 2019. *Read and Preach*. Edited by Jeong [Jung] Jo-eun. Four Volumes. Seoul: Youngil Publishing.

Jung, Myung Seok. 2020b. "Sunday Proverbs for February 2, 2020: Be Careful on Your Own." English translation, Archives of Christian Gospel Mission, Wolmyeongdong, Seokmak.

Jung, Myung Seok. 2020a. "Sunday Message for January 12, 2020." English translation, Achives of Christian Gospel Mission, Wolmyeong-dong, Seokmak.

Jung, Myung Seok. 2014. "Sunday Message for March 9, 2014." English translation, Archives of Christian Gospel Mission, Wolmyeong-dong, Seokmak.

Kim Chang Han. 2007. "Towards an Understanding of Korean Protestantism: The Formation of Christian-Oriented Sects, Cults, and Anti-Cult Movements in Contemporary Korea." Ph.D. Dissertation, University of Calgary.

Luca, Nathalie. 1999-2000. "Jouer au football pour fêter Dieu. Le culte d'une Église messianique coréenne." *Études mongoles et sibériennes* 30-31:405-29.

Luca, Nathalie. 1998. "Le salut par le foot ou le football rattrapé par les sectes." *Sociétés & représentations* 7:213-25.

Luca, Nathalie. 1997. *Le Salut par le foot: Une ethnologue chez un messie coréen*. Geneva: Labor et Fides.

Luca, Nathalie. 1994. "L' Église de la providence: un mouvement messianique à visées internationales." Ph.D. Dissertation, Université Paris X.

Lutheran World Federation and Catholic Church. 1999. "Joint Declaration on the Doctrine of Justification."

Personal Interviews. 2019. Interviews were conducted by the author with members of Providence, and Jung himself, in South Korea and Taiwan. In addition, access was provided to material in the church's archives in Wolmyeongdong, including texts such as

Christian Gospel Mission 2017 that are normally reserved for members only.

柒　性醜聞或女性主體性的追求？基督教福音宣教會的女性神學與其實踐

一　前言與研究回顧

　　宗教社會學者斯塔克（Rodney Stark）曾觀察到早期基督宗教對女性有特殊的吸引力，在早期基督徒共同體中，女性的生活遠比在異教和猶太教的更好。[1]女性在早期基督徒群體中，得到了榮譽與權威性的地位。相當數量的基督徒女性，打破了傳統上的性別角色。[2]由此可見，作為一個當時的新興宗教，基督宗教透過實現相對的性別平等，比傳統宗教更能吸引女性信徒。凱倫・阿姆斯壯（Karen Armstrong）也透過翻轉使徒保羅（Paul the Apostle，約西元5-64年）父權主義者的形象，強調早期教會也並非那麼快就壓抑女性的主體性。[3]丁仁傑的研究也發現，女性在華人的父權社會裡，藉由宗教選擇與行動尋找主體性。[4]這些行動不僅透過傳統宗教，藉由新興宗教也在所多有。本文

1　〔美〕羅德尼・斯塔克（Rodney Stark），《社會學家筆下的基督教史》（北京：中國社會科學，2019），頁111-112。

2　斯塔克，《社會學家筆下的基督教史》，頁116。

3　〔美〕凱倫・阿姆斯壯（Karen Armstrong）著；梁永安譯，《聖保羅：基督教史上極具爭議的革命者》（臺北：立緒文化，2016），頁28。

4　丁仁傑，《民眾宗教中的權威鑲嵌：場域變遷下的象徵資本與靈性資本》（臺北年：聯經出版，2020），頁294。

將以一九八七年代由鄭明析（정명석，1945-）先生於韓國創立的基督教
福音宣教會（Christian Gospel Mission，簡稱 CGM，又稱攝理教會，
以下簡稱攝理教會）[5]的神學思想，與其教會在臺灣的發展為中心，探
討攝理教會的女性神學與具體實踐。

　　為求理解本文研究對象身處的歷史背景，需要先追溯臺灣與韓國
社會同時期的女權運動史。身處東亞世界儒家文化圈中的臺灣社會，
漢人家父長制式的家庭文化下的父權思想讓臺灣過去以男性為中心的
孝道觀，或以男性中心的性愛觀，及以暴力展示權力的父權主義常讓
女性被迫自我消音（silencing the self），因而逐漸地身心能量耗盡，
導致「自我迷失」而無所適從。一九八〇年代以來，特別是解嚴後，
臺灣女性追求主體性，有其文化、生理、心理的脈絡與需求。女權運
動的發展，成為了臺灣社會運動中不可忽視的重要一環。[6]

5　基督教福音宣教會（Christian Gospel Mission，簡稱CGM），也是網路上被視為基督
　　新教的異端教會「攝理教會」或「攝理教」（這是相對比較污名化的稱法）。一九七
　　八年由鄭明析牧師在韓國創立，約一九八七至一九八八年之間傳來臺灣。一九九三
　　年十一月向內政部申請成立中華基督教新時代青年會（CCYA）。於二〇一三年八月
　　在臺灣成立CGM分會。目前，全臺人數超過四千名，全臺共成立近三十個教會及福
　　音站（經過組織調整後，臺灣教會的總數，最新數字應該是十九個教會。總人數則
　　已經接近五千人。）。以上教會介紹資訊，透過訪談與參考CGM官方網站：https://
　　cgm.org.tw/about-us/about-cgm-taiwan。另外也參考宗教社會學者〔義〕Massimo
　　Introvigne（1955-）在他的宗教百科網站上對攝理教會的介紹：https://wrldrels.org/
　　2020/10/02/providence-christian-gospel-mission/。（本文接下來以宗教百科研究網站簡
　　稱）另外日本秋本彩乃的《命の道を行く：鄭明析氏の步んだ道》（東京：Parade，
　　2019）也對鄭明析牧師的生平有比較完整及客觀的介紹。

6　邱子修指出，特別是解嚴後，臺灣第三波女性主義的批評在二十世紀末即與國際接
　　軌，並有頗為同步的發展。詳見邱子修，〈臺灣女性主義批評三波論〉，《女學學誌：
　　婦女與性別研究》第27期（臺北，2010），頁251。顧燕翎也以專書完整地回顧臺灣
　　女權運動數十年的歷史，也觀察到，解嚴後的百花齊放期，此時正值聯合國婦女十
　　年（Decade for Women, 1976-1985），全球婦運進入鼎盛階段。詳見顧燕翎，《臺灣
　　婦女運動：爭取性別平等的漫漫長路》（臺北：貓頭鷹出版，2020），頁10。

　　同樣深受儒家文化影響的韓國，也有爭取女性權利的努力與困境。二〇一九年上映的著名電影《82年生的金智英》由一部同名小說改編。以一個具體化的韓國當代女性為主角，甚至於連姓名都採用了極其菜市場名的「金智英」三個字，這是對所有韓國女性群體的影射。電影中透過女主角的精神狀況與生活困境，先批判傳統東方式的家庭，要求女性為男性的成功犧牲自我理想；第二部分針對工作職場。企業、行業與國家在保護女性工作權利不受侵害方面做得不完善，造成了片中金智英與其女同事們的苦惱；第三部分針對社會。電影指出人文關懷的缺失，導致社會對弱勢一方的不友善，導致女性遭遇各種麻煩甚至危險。[7]

　　本來這樣一個深具反省力的電影，卻在韓國社會引發極大爭議。電影上映後，在韓國伴隨《82年生的金智英》而來的不是檢討，而是變本加厲的惡意攻擊。二〇一六年小說出版時，在韓國引起眾人憤怒的江南電梯隨機殺人事件，凶手自稱厭女。二〇一八年，Red Velvet隊長 Irene（裴柱現）在粉絲見面會表示讀了《82年生的金智英》，部分粉絲撕毀或燒毀 Irene 照片以示抗議。電影宣布女主角時，演員鄭有美的社群網站也被惡評攻陷，「為什麼出演女權主義的電影？我們將抵制到底。」更別說，電影正式上映前被狂刷低分，相關女藝人依然連番遭受攻擊⋯⋯。[8]可見爭取女性權利在韓國仍受到諸多的打擊。以上臺灣或韓國社會對女性的諸多壓抑，自然也使女權的追求方興未艾。在這當中，新興宗教也扮演了一個重要出口。

　　學者也注意到，新興宗教也在女權的追求中扮演重要角色，丁仁

7　陳琳，〈從《82年生的金智英》看時代病徵與女性性別困境〉，《電影文學》第748期（北京，2020），頁134-136。

8　王思涵，〈韓國為何如此厭女？《82年生的金智英》背後的關鍵數據〉，《天下雜誌（網路版）》（臺北，2019），詳見網站：https://www.cw.com.tw/article/5097972。

傑指出在華人文化下，「女兒」的主體性在父權社會中沒有太多出路，[9]因此他從研究新興宗教的視野出發，發現由於在漢人文化型態中，出於父系社會文化心理層面的內在矛盾，既要求成員遵守父系規則，又造成成員極大的心理壓抑，使得女性有可能藉由新興宗教尋求突破和出口。[10]黃惠貞也認為，亞洲婦女的傳統宗教或本土宗教都充斥著父權主義，她們常常在西方來的基督宗教傳統中找到更大的空間。[11]就宗教研究本身而言，李玉珍指出，女性在宗教史上為沉默的多數，長期埋沒在經典與歷史傳統之外。從女性經驗出發去理解宗教，更有其獨特意義與價值。[12]另外，李玉珍最新的研究也從新興宗教的視野去觀察女性的宗教參與。李玉珍以韓國的大巡真理會為研究對象，追溯了歷史，亦即韓國近代的劇烈政經變遷，在內憂外患的逼迫之下，一向居於社會底層的女性所受傷害更大。因此她從女性觀點來探討大巡真理會的成功，藉此更深刻地理解新興宗教的時代治療意義，也進一步比較分析東亞新興宗教的女性宗教生態（niche）。[13]李玉珍的研究，對本文是非常重要的參考。可見宗教與女權之間的重要連結，特別是新興宗教。

然而，宗教與女權之間是有變動的辯證關係的，有時候宗教扮演了保護、引導女權力量啟蒙的正面角色，有時則扮演保守勢力用以壓迫女權的藉口與手段。因此過往女性主義研究者，常以批判的立場與

---

9 丁仁傑，《民眾宗教中的權威鑲嵌》，頁294。

10 丁仁傑，《民眾宗教中的權威鑲嵌》，頁29。

11 黃慧貞，〈中譯本導言〉，收入蘿特（Ruether, R. Radford）著；楊克勤、梁淑貞譯，《性別主義與言說上帝》（香港：道風書社，2004），頁xxxii。

12 李玉珍，〈佛學之女性研究──近二十年英文著作簡介〉，《新史學》第7卷第4期（臺北，1996），頁200。

13 李玉珍，〈大巡真理會的女性宗教參與：以驪州本部道場為例〉，《大巡思想論叢》第34期（首爾，2020），頁77。

角度去看待宗教史上諸多對女性的壓迫。田海華引用諸多西方學者的研究指出，在人類社會與文化的演進中，女性從屬的普遍性是一個存在的事實。在希伯來聖經所敘述的古代以色列文化中，亦生動地呈現，即女性的價值與地位不僅從屬、次等；而且其生命與身體自始至終都處於男性的支配之下。[14]而希伯來信仰之一的基督宗教在神學論述上與教理上也常受到女性主義者的批判。

葛倫斯（Stanley J. Grenz）、奧爾森（Roger E. Olson）曾經整理，女性主義神學與拉丁美洲的解放神學最大的不同，在於受壓迫的主要對象。後者從被迫貧窮的角度來看，前者則辯道，最基本的壓迫乃是性別歧視，或明白而言，是從歷代以來，深植於文化中的父權制，男人控制女人。[15]除了神學思想上的探討外，婦女神職論爭，仍是教會界中一個知行不一的難題。就算實際肩負牧養、服事教會事工多年，然而在身分認定上，女性依然比起男性有更多阻礙。蔡明慧就批評，隨著上帝懲處人類不順服罪責之記述被聖化為一種上對下，男對女之統治定規。[16]

蔡明慧指出，傳統解經家對丈夫：「頭」的領導地位，與妻子：「身子」的服從角色之絕對式教導，顯然是文化產物多過於真理意涵，就以加爾文（John Calvin, 1509-1564）為例，即使曾提及男女間之彼此順服，然而男先女後、男主女從仍是他對兩性關係之神學主張。女人無權越過、管理男人，所以男人必得擔負起領導之責。[17]此種對順服之要求，女人在教會中始終無法被承認一個領導身分，即使

14　田海華，〈性別與權力──對希伯來聖經律法的女性主義閱讀與詮釋〉，《女學學誌：婦女與性別研究》第22期（臺北，2006），頁119-142。

15　〔美〕葛倫斯（Stanley J. Grenz）、奧爾森（Roger E. Olson）著；劉良淑、任孝琦譯，《20世紀神學評論》（臺北：校園書房，1998），頁268-269。

16　蔡明慧，《女性神學對女性形象之重構》（碩士論文：中原大學，2003），頁45。

17　蔡明慧，《女性神學對女性形象之重構》，頁68。

有也仍須處在男性管理之下。……教會若是多牧師制，主任牧師是男性便沒什麼問題；而若採中央制，則總會（中央）之最高領導者是男性牧師，其他堂會主任牧師是女性無妨。很多教會仍有「男主女從」、「男正女輔」之「屬靈原則」[18]。神學家朱保羅（Paul Jewett）在研究天主教、東正教和英國聖公會反對女性神職理由後，做出三點整理性的結論，反對女性擔任聖職的論述還是存在，他們認為：一、女性主禮易改變崇拜氣氛，使男性有非分之想，且有挑逗情慾之嫌；二、女性受造次於男性，代表權威和領導權之神職不宜授予女性；三、上帝、耶穌及十二使徒為男性，女性不能擔任上帝在世上的代表者。[19]莊淑珍也承認，臺灣長老教會內部仍須追求「性別公義」，女性牧者不僅在總會議會活動的參與上，一九九〇年代初根本只有百分之二，直至二〇一七年僅到達百分之十七點八六，還有牧會的在比例上以及實踐上，都仍受到歧視的困境，仍有教會群體敢揚言不接受女牧者等狀況。[20]

　　為了改變傳統神學中容易有以男性為中心挾制女性的二元論色彩，女性神學家蘿特（Rosemary R. Ruether）認為要先從「神論」上開始改變。[21]蘿特認為，聖經的比喻中，男性和女性的形象是相等的，經文從來沒有形容婦女是附屬或依附男性。假如所有形容神／女神的語言只是類比，不該去合理化男性的支配權和女性的附屬地位。[22]也有學者從女性是否具有神聖性的角度來討論問題。林仁謙比較了伊斯

---

18 蔡明慧，《女性神學對女性形象之重構》，頁68-69。

19 Barbara J. MacHaffic著；朱麗娟譯，《她的歷史——基督教傳統中的婦女》（臺北：婦女事工委員會，1997），頁197。

20 莊淑珍，〈從兩性平權到性別公義的努力〉，《新使者》第170期（臺北，2019），頁54-58。

21 葛倫斯、奧爾森，《20世紀神學評論》，頁277。

22 蘿特，《性別主義與言說上帝》，頁82-83。

蘭先知的寵妻阿伊霞（以遜尼穆斯林為主）、先知的女兒法蒂瑪，以及《古蘭經》中的耶穌母親瑪莉嬤三位婦女人物是否具有「神聖本質」展開研究。[23]除了以上從傳統神學的教義去爭論如何爭取更多女性權利外，是否被劃歸新興宗教的部分基督教教派如攝理教會，也有女性神學相關的創造性詮釋？從韓國傳入臺灣的攝理教會，一方面在神學上可歸類為基督宗教的傳統，但也深具各類新興宗教的特色，鄭明析先生的女性神學相關論述與攝理教會在女權上的實踐，也許可以帶來對以上研究成果的參照與反思，也是本文研究展開的關懷所在。

二　攝理教會的女性神學相關論述

如前所述，傳統基督宗教受制於《創世紀》裡面對於墮落的故事描述，總容易陷入在「夏娃先誘惑亞當」或者「你必受你丈夫轄管」等經文的類似父權中心的描述。女性主義神學家蘿特則認為，關於神的陰性特質或女性形象的古代傳統，只是被忽略了，但不是不存在。希伯來傳統就有陰性的「智慧」和靈。另外，不少早期的基督教文獻視聖靈為陰性，特別是在正典外的福音書，《希伯來福音》有紀錄：「我的母親聖靈，揪著我的一根頭髮，把我帶到他帕這高山。」視聖靈為女性形象的看法亦存在於正統作者的思想中。

在蘿特看來，歷代以來，基督教神學對聖靈的女性形象一直都有持續著，特別是在一些神秘作家那裡。這情況在基督教的聖像創作中亦可找到。距離慕尼黑不遠的一間教會內，有一幅十四世紀的壁畫，畫內的三位一體是源自一個源頭的三個圖像，在那個年長的天父的男性像，和那個較年輕的男性耶穌像，之間是一個女性的聖靈。改革派

---

23 林仁謙，〈瑪莉嬤與法蒂瑪：一神信仰中女性宗教成聖性的比較〉，《新世紀宗教研究》第16卷第3期（臺北，2018），頁99-101。

的神祕思想家也有以神為女性形象的主題。[24]

蘿特認為，我們不該斷定聖靈的陰性形象是基督教異端的一種後期「偏差」。反之，我們應看到早期使用這種陰性形象的基督教，漸漸被一個居上風並向其施行壓迫的希臘──羅馬基督教驅向邊緣。[25]蘿特也認為，古代這些基督宗教的傳統中，若只承認神具有陰陽兩性，女性雖然等同有參與於神聖，但仍是附屬或受限制的狀況。因為不能代表那完全超然的神聖。因此那神權能統治最高的象徵，仍可能是唯男性獨尊的假設。[26]

雖然鄭明析先生本身並未經過太多完整的神學訓練，或者學院派的學術養成，[27]所以他個人可能從未聽說過女性神學的相關知識（甚至可能並不清楚女性主義的學術定義）。但他透過自幼家庭生活與教會帶領的諸多經驗，似乎也思考不少性別問題：

> 小時候我和我妹妹吵架時，即使錯在妹妹，我母親仍袒護我妹妹。我記得當時產生了疏離感。然而，就算是妹妹的錯，也必須要有人站在妹妹那側守護她才行的父母心，我今天總算是理解了。[28]
>
> 以下是我在越戰時發生的故事。當時還在作戰，敵人跟我互相用槍指著對方。……我在這不利的狀況下尋找　神，就聽見了

---

24 〔美〕蘿特，《性別主義與言說上帝》，頁72-76。

25 〔美〕蘿特，《性別主義與言說上帝》，頁72-76。

26 〔美〕蘿特，《性別主義與言說上帝》，頁72-76。

27 鄭明析牧師正式接受韓國的義務教育僅只有國小程度，之後開始出來傳道後，約在1990年代初期讀完大韓監理會的神學院，因此被按立為牧師。但嚴格說起來，知識性的神學應該從來不是他關注的重點，因此攝理教會自辦的神學院總是強調自己的神學偏向所謂的「實踐神學」。

28 〔日〕秋本彩乃，《命の道を行く：鄭明析氏の步んだ道》，頁127。

「去——愛——吧————」這個大到連地球都被撼動的
聲音。聽見這個聲音之後，我對 神說：「如果我過去愛敵
人，敵人會先開槍殺我耶！」這時，我又同樣在心中聽見 神
的聲音說：「去——愛——吧————」，照這樣下去，敵
人就會開槍，所以我不顧那是戰場，仍然將 神的話語視為生
命而往敵人靠近。當我靠近敵人時，我清楚地看見敵人的臉變
成了「我妹妹的臉」。敵人沒有對我開槍。我過去擁抱他，跟
他對話了四十分鐘。[29]

　　身處在傳統男尊女卑又長幼有序的韓國社會，鄭明析先生卻似乎自幼
就對女性的生存處境有比較多的同情，特別是與親生妹妹之間的深厚
感情發揮了很大的作用。讓鄭明析先生屢次在證道中提及自己的妹
妹，甚至回憶過去在參與越戰[30]的生死關頭，因為在宗教異象中看見
自己的妹妹出現在戰場，也就是一瞬間把北越的士兵當成了自己的妹
妹，因而能與北越士兵互相放下兵器，相擁而泣。可見鄭明析先生與
妹妹之間的關係，對他思考性別思想的內涵發揮了很大的作用。

　　之後從鄭明析先生開創教會以來，攝理教會的神學思想就十分強
調性別平等，鄭明析先生從造物主創造人的目的出發，建構他特有的
性別詮釋。類似現代社會學區別了「生理性別」與「社會性別」的概

---

29 〔韓〕鄭明析，《二○一七年四月十九日週三清晨箴言證道稿》以下引注都只標明
　　證道日期。

30 韓國朴正熙政府於1964年至1973年間累計派遣了32萬人支援越南共和國（南越），
　　在所謂的反共陣營中是規模僅次於駐越美軍的第二大外國部隊。1966年，鄭明析牧
　　師服役期間得知所屬的白馬部隊被派往越南戰場，鄭明析牧師便以最低階戰鬥兵身
　　分，兩次參與越戰，最終於1969年平安返國。越戰對於鄭明析牧師的神學思想影響
　　深刻，也讓他決心一生守貞獨身走上神職之路。詳見鄭明析著；CGM翻譯部譯，
　　《戰爭是殘忍的：愛與和平（共四冊）》（臺北：明人出版社，2019）

念，鄭明析先生應用《新約聖經》《啟示錄》二十一章二節：「我又看見聖城新耶路撒冷由神那裡從天而降，預備好了，就如新婦妝飾整齊，等候丈夫。」以此經文為根基，認為聖經中預言的新時代已經來到，藉此詮釋神、人之間的關係是「新郎與新婦」的比喻，區別了「生理性別」與「屬靈的性別（或者說靈魂的性別）」，亦可說建構了一種「宗教的身體」[31]的論述：

> 不論是男生或女生，人類都是神愛的對象。[32]
>
> 「人」不論是誰，都是「新婦立場」，對神、聖靈和聖子而言都是「愛的對象」。……比方說人愛「水」，難道會分男女嗎？人愛「食物」，難道會分男女嗎？在聖靈面前也是如此。不論對男或對女，聖靈都是「全能的主體」。就像這樣，神和聖子也是如此。[33]

鄭明析先生雖然保持了人類肉體上各有生理性別差異，但他認為，從靈魂的根本來看，不論生理男性或生理女性，均是造物主「新郎」的對象體「新婦」。在論述的策略上，跨過了那些對女性不利、弱勢描述的經文，而以末世論的歷史不同發展階段，從更根源的創造目的，重新詮釋性別關係，亦即「只要是人，都有資格成為聖子的新婦。[34]」肯定了不論男性、女性均在受造上是完全平等。這種聖經詮釋，某種程度

---

31 有關「宗教的身體」的相關說法，詳見盧蕙馨，〈現代佛教女性的身體語言與性別重建以慈濟功德會為例〉，《中央研究院民族學研究所集刊》第88期（臺北，2000），頁276-277。

32 《二〇一二年九月三十日主日話語證道稿》。

33 《二〇一八年六月一日週五清晨箴言》。

34 《二〇一二年九月三十日主日話語》。

上可說在靈魂的角度上，對宗教的身體進行「去性別化」（degenderization）（或說全部女性化）。鄭明析牧師進而應用各種類比說明在「食物、水」面前一樣沒有性別之分，不管一個人的生理性別是男性或女性都可平等愛神，造物主對不論男性或女性而言都是一樣的全能的主體，男、女都是平等的立場。

另外，鄭明析先生透過對傳統基督教神學的「三位一體」的再詮釋，由造物主的視野直接肯定了女性的價值。保守的基督教神學多視「三位一體」是奧秘、無法隨意詮釋的內容。女性神學主義者則認為應該以女性特質取代男性性別意識下的「父神」詮釋，強調造物主的女性、柔性特質。[35]鄭明析先生則直接認定聖靈是「女性」的存在：

> 聖靈是女性神，是天上地下最大的女王、天母。聖靈是女性神，所以真的會細心地照顧並仔細地教導。「因為聖靈是女生，所以很弱。」這樣想的人是無知的人。[36]

視聖靈為女性、母親的比喻，並非是鄭明析先生的獨創，但鄭明析先生同時論述「女性」特質的聖靈是「全能者」，是「天上地下最大的女王」的詮釋，並否定女性是「軟弱的」的，是具有全能的造物主中的一位，則有其獨特性。

跟蘿特比較，鄭明析先生將聖靈視為女性，是由造物主的面向絕對肯定了「女性」存在的價值：

> 「聖靈」是「天上地下最美的女神」。祂具備「天上地下最極

---

35 相關討論可參葉寶貴，〈天主聖三與女性神學並檢視其本位文化象徵〉，《神學論集》第127期（臺北，2001），頁134-157。

36 《二〇一五年五月二十五日週一清晨箴言》。

致的美」。祂被「燦爛的光」包圍著，所以看不到祂的臉。儘
管每個人都按照自己的層次看見聖靈的形象，但沒有人正確地
看見「聖靈的本體」。唯有認定聖靈並瞭解聖靈的人，才能靠
近地服事聖靈並愛祂。即使無法看見聖靈也想像來生活吧！將
聖靈想成「天上地下最美麗的」，時時服事並事奉聖靈，順從
祂的話語，別讓聖靈擔心，如此生活吧！聖靈不僅漂亮、美
麗，也乾淨到那種程度。「聖靈」是「女性神」，所以透過「女
性」出現時最有實體感，也最容易認知。[37]

鄭明析先生雖然也類似傳統神學強調聖靈的神秘性，人類並不能正確
看見其「本體」，但更常於各種證道中強調聖靈是女性神，鼓勵信徒
以「天上地下最美麗」、「最極致的美」進行「女性想像」，也由此強
調當聖靈透過「女性」更加可以動工或行神蹟的價值。甚至由此對會
眾展開一些有趣的生活教育：

> 有一件事會讓聖靈生氣，會被聖靈責備。你們覺得是什麼呢？
> 就是「說女生長得不好看的時候」。這時會被聖靈責備。在家
> 裡也是一樣，如果哥哥跟媽媽說：「媽媽，為什麼妹妹長得那
> 麼醜？」媽媽就會說：「那你有很帥嗎？你是像爸爸才長得不
> 好看啦！」就像這樣，在聖靈面前也是如此，如果這樣、那樣
> 說聖靈生下的人的壞話，就會立刻被責備。[38]

青少年在校園的言語霸凌當中，批評美醜相關的內容不少。鄭明析先

37　《二〇一五年五月二十五日週一清晨箴言》。
38　《二〇一八年十二月九日主日話語》。

生居然將此提高到聖靈所不喜悅的事情，強調不能隨便批評女性的美醜，十分有特色。

另外，蘿特曾批評，在不少基督教傳統中，仍流行著的、幾乎貫穿著基督教歷史的父權神學，一直嚴格地把女性拒絕於服事侍奉的門外。女性被拒絕參與教會的領導，正如她們被拒絕在社會上扮演領導者的立場一樣。女性在基督教父權論述傳統中，被分配為比較被動的角色，只能順從跟靜默。[39]鄭明析先生雖然自己是男性，又生長在男尊女卑的韓國社會文化的土壤中，也沒有機會接觸任何女性主義的思想。但他卻格外重視女性在教會的事奉，也給予女性在教會當中全面平等的領導地位。

身處長幼有序的儒家文化深刻影響下的韓國社會，鄭明析先生不但對女性在教會的服事中完全沒有任何輕視，甚至非常願意讓年輕女性擔任教會中諸多重要的神職，也給予完整的證道權、行聖事的權柄。前文所述，聖靈為女性全能神的神學詮釋，被鄭明析先生以具體的實踐，落實在教會日常中的領導管理：

> 聖靈動工時，聖靈會從眼所能見的對象體，亦即擁有肉體的女性當中選出對象體，透過她展現出聖靈本體的形象並動工。……朝恩復興講師是女性，在眾多女性當中，聖子揀選她並給她使命，所以聖靈和聖子更強烈地使用朝恩復興講師，如此動工來展開聖靈的歷史。
>
> 聖靈動工時，聖子透過「女性」強烈地反映出聖靈的樣式、形象和品性，如此展現出來了。……
>
> 全世界的所有女性都是聖靈的對象體。聖子從所有女性當中把

---

39 〔美〕蘿特，《性別主義與言說上帝》，頁213。

「能反映出聖靈」的核心對象體樹立在攝理史，如此展開聖靈
的歷史。[40]

由於從創造者的絕對立場來肯定女性的價值，讓攝理教會在神學實踐
上自然有了絕對的根據與正當性。鄭明析先生用很強烈的語氣認定：
全世界女性都是聖靈的對象，能反映出聖靈的光輝的也是女性，甚至
是男性無法企及的，包括作為這個教會創始人的鄭明析先生本人，都
承認自己在這部分並不如那一位具有使命的女性牧師：

> 聖靈是「女性神」，所以除了老師以外，在「女性」中真的需
> 要有能成為「聖靈的象徵體、聖靈的身軀」的人。[41]
> 復興講師這段期間的使命並不是「暫時代替老師」的使命，
> 神、聖靈和聖子已經「從女性中預定一名基準者」，然後揀選
> 並栽培，如此將她栽培為「新婦的代表」。[42]

作為一位新興宗教的最高領袖，在教會中難免擁有一種類似韋伯說的
權威魅力（charismatic authority），受到信眾的高度尊重，但鄭明析先
生實際上卻也承認女性在教會事工上展現聖靈樣式的關鍵性，他自己
也無法企及。這當中具有代表性的是代替鄭明析先生入獄期間在韓國
與世界其他國家舉辦布道聚會的鄭朝恩[43]（1979-）牧師。她在年紀尚

---

40 《二○一三年三月十八日週一清晨箴言》。
41 《二○一五年十一月二十六日週四清晨箴言》。
42 《二○一五年六月七日主日話語》。
43 韓文名：정조은。攝理教會的世界巡迴復興講師，在鄭明析牧師入獄的十年中，成
　　為代替鄭明析對全世界教會證道或巡迴演講的關鍵角色，鄭明析牧師出獄後，仍然
　　是全世界攝理教會最重要的領導者之一，也直接牧養韓國攝理教會在首爾市的最大
　　教會。關於她的介紹詳見Massimo Introvigne的宗教百科網站。

輕、教會神職資歷相對尚淺之際，就被鄭明析先生高度肯定她的付出與努力，以她為表率，並擴大詮釋了廣大的女性信徒都有重要的歷史定位，無可取代。

　　往昔攝理教會面對外部的形象，很容易被媒體或輿論塑造成單一中心，甚至對個人偶像崇拜的印象，這也是外界批判攝理教會是所謂的「攝理教」，並且稱鄭明析為教主的原因。由此引發的諸多爭議，還使鄭明析牧師受到「性侵」疑雲爭議牽連而被判入獄十年。不過這個判決的內容在部分學者研究看來，確實是充滿爭議的，攝理教會本身也認為這是一個嚴重的冤案。連被視為沒有宗教自由的中共政府都在長達十個月的調查後，以「沒有證據」讓鄭明析先生無罪釋放。[44]然而韓國司法體系卻似乎是因為受到一些有心人士與傳統基督教會操作社會輿論下，[45]以「利用權勢性侵」為由，對鄭明析牧師做出了有罪宣判：

　　二〇〇九年二月，歷時將近一年，由高等法院下達宣判終結本案。「被告人請往前。」法官對被催促而站上證言臺的鄭氏，以沙啞的聲音說：「被告人處十年徒刑。」法官繼續宣讀判決理由：「對於被指控之事項，並沒有物質上的證據」、「惟被害女性之證言以及日本週刊雜誌的報導足以採信」、「鄭氏身為宗教領袖，在對待被害之女信徒上具有優勢地位」、「根據以上理由，認定鄭氏確有以暴力對待女性之事實存在。」在物證缺乏

---

44 相關的法律爭議，詳見秋本彩乃的《命の道を行く：鄭明析氏の步んだ道》（東京：Parade，2019），頁122-124。或見Massimo Introvigne宗教百科網站。

45 關於鄭明析牧師的法律爭議，因為過去一般大眾媒體相對而言是提供對鄭明析牧師不利的相關論述，因此本文在此特別也呈現出比較多攝理教會方面的說法，以供正反參照。

的情況下，法官卻認為檢察官提出的證據及被害女性的證言是更值得採信的。「有沒有證據不是重點。被告人是異端宗教的首領，對於女性教友而言，確實很難違抗其要求。」法官當時如此陳述了：「如果是一般上班族的話，就會判無罪了呢。」[46]

由於教會的創立者鄭明析先生被判有罪且實際入獄十年，教會信徒在充滿爭議與危機的十年中，處境可謂十分艱難，但有趣的是這段時間，根據 Massimo 的研究，教會的教勢反而頗有成長。[47]鄭明析先生在此期間，於獄中藉著親筆信件的證道內容，更明確地確立了女性聖職者在攝理教會中的重要性與地位。這在深受儒家文化影響，長期重男輕女、強調尊卑有序的韓國社會裡，是頗為大膽的嘗試與行動。

三　臺灣攝理教會女性領導者的相關訪談分析

女性的地位在鄭明析牧師的十年入獄期間明確地在神學上建構了更完整的論述，而具體實踐上，由於受限於篇幅，本文只能先舉臺灣為例。臺灣教會作為攝理教會中的三大重要國家（韓國、臺灣、日本），從創會初始就完全沒有對女性擔任聖職或教會服事使命的限制，反而實際上大量重用女性成為領導者，並且給予她們證道的講臺，與教會的領導權。在聖職的性別比例上，女性甚至偶爾有壓倒性的優勢。

本文將引用目前在任的兩位女性資深牧師以及一位新世代未來的女性牧者的訪談內容，藉以分析攝理教會的女性領導者的形象。第一位，是高中就讀北一女數理資優班拿到市長獎，後來保送臺大化學系，臺大藥學所畢業的李牧師（1980-）。李牧師在臺大研究所畢業後，

---

46 詳見〔日〕秋本彩乃，《命の道を行く：鄭明析氏の步んだ道》，頁125-126。
47 詳見Massimo Introvigne宗教百科研究網站。

年紀尚輕就被任命為牧者（2003），接下約二十人的小型教會，而後不斷發展，後來曾任超過五百人教會的牧者，也擔任過領導全國教會決策的教團。回首自己的信仰歷程，李牧師表示自己的家庭背景讓她原本不太有機會成為基督徒：

> 我爸爸是研究地球科學的教授，我從小在科學方面就比較有好的表現，但我也因此思考，比別人表現好又怎樣，目的是什麼？後來想：是要造福人群吧？[48]

從李牧師的家庭背景來看，一般而言，如果沒有接觸信仰，大概會變成一個女性科學家，訪談中李牧師回憶了在北一女數理資優班時，代表臺灣去參加國際科展比賽有良好成果，也受到總統召見：

> 接觸信仰前，有一個蠻重要的轉折點，就是參加國際科展。……因為我們要代表臺灣，所以被總統接見，也在總統府宴請我們、拍照，而我也等於是下一屆國際科展的代表，海報上面都是我呀……，雖然有這些很榮耀的事情，可是那時候在我的內心覺得，是沒錯，我做到了在我這個年紀中幾乎能做到的最好的狀態了，但是還有好多好多沒有辦法解開的問題。所以那時候我開始來聆聽教會的話語。[49]

參加完國際科展後，李牧師反而開始無法從科學知識的追求中得到滿足，甚至感到空虛。因此開始接觸教會。從而開始思考更多人文與社會科學的議題，並由此追求信仰：

---

48 《攝理教會李牧師訪談內容》。

49 《攝理教會李牧師訪談內容》。

我記得在高中時候上到了《大同與小康》這篇文章，班上老師問我們：「你們覺得大同世界有可能實現嗎？」全班只有兩個人舉手覺得大同世界是有可能的。一個是我，另外一個就是另外一位基督徒的朋友。我那時候想，我們這麼一流的學府：北一女、建中，連我們都覺得不可能，那就真的不可能了。當時同時接觸到教會，我後來雖然資優保送上了臺大化學系，對化學領域特別有興趣，喜歡研究化學變化的奧妙。但最後我想做的是，如何用神的話語改變人的內心，讓人的內心產生最大的化學變化，所以我開始很想在教會服事。……[50]

當時李牧師似乎很有所謂年輕知識分子的抱負，在理想主義性格的影響下，增進了她對接受信仰的動力。但此時的李牧師也只是在教會一個年幼平凡的高中女生，並未特別有太多擔當教會的使命的期待。直到她大四升研究所之際，她的教會生活開始發生了重大轉折：

攝理到一九九九年的時候，一月的第一次主日話語，主題是東方到西方，耶穌跟鄭明析牧師說要把福音開始從東方傳到西方，於是鄭明析牧師離開韓國。這時韓國卻爆發了惡評教會跟鄭牧師本人的新聞，教會有點價值觀混亂的狀況。……我當時參與臺北的教會，原本的男性牧者在證道時開始只見證《商業週刊》之類的內容，當時我有到翻譯部幫忙，有看到鄭明析牧師證道的原稿，發現原來男性牧師並沒有按照話語稿來傳達話語，他都在講自己體會自己的例子，經濟上還有挪用公款的狀況。……與鄭明析牧師之間的聯絡減少後，我覺得後來教會的

---

50 《攝理教會李牧師訪談內容》。

氣氛變得嚴格、嚴屬，還常常聽到一些一貫道的東西，甚至牧師還帶一些人練氣功，在教會旋轉、跑來跑去、嘔吐，當時覺得很怪異。我本來想離開這種教會了，因為覺得教會變得很怪。不過，當時看了一個電影《K-19》（英語片名：*K-19, The Widowmaker*）[51]，最後這個電影他們選擇要與潛艇共存亡，回到俄國。我看到這部電影的感動是，若我選擇這個時候離開教會出國念書，那我是不是就放著這教會讓她越來越糟糕了呢？於是，雖然那時要寫信給鄭明析牧師不容易，但我就很努力、積極地透過各種方式，很想要把這信件和報告傳達給鄭明析牧師。後來果然鄭明析牧師來處理了。鄭明析牧師就很民主的找教會全體教友召開會議，問說：「想要換牧者的人舉手？」雖然鄭明析牧師沒有直接指出牧師哪邊做不好，但教會一半以上的人投票選擇要更換牧者。當最後教會一起票選我，鄭明析牧師就大膽的任命我，完全不在乎我年紀輕又是女生！[52]

一九九九年對攝理教會的發展而言是關鍵轉換，韓國媒體在當年度開始大肆報導攻擊教會的相關內容，教會面臨生死存亡的危急時刻。[53]最高領導者鄭明析先生也前往歐洲宣教而不在韓國，不僅韓國本土教會的發展面臨極大的危機，臺灣教會自然也受到不少影響。李牧師當時只是一個年輕的女性教友，資歷尚淺，卻從一部電影中得到啟發，毅然決然選擇放棄出國念書的機會，主動挺身而出，判定原本牧會的

---

51 《K-19》（英語片名：*K-19: The Widowmaker*）是一部發行於二〇〇二年七月十九日的美國影片，講述了一九六一年在蘇聯K-19號潛艇上發生的一次核洩漏事故。哈里遜·福特和連恩·尼遜飾演正副船長。

52 《攝理教會李牧師訪談內容》。

53 詳見Massimo Introvigne宗教百科研究網站。

男性牧師對教會帶領的方向是錯誤的，偏離了屬靈的道路。即便人微言輕，仍主動提出異見，向鄭明析先生要求支援。鄭明析先生則以民主投票的模式，在先尊重教會的民意後，大膽地對李牧師做出了新的人事任命。從此李牧師從一個本來要出國留學的科學研究者，走上一生為教會全職服事的道路，之後也表現得越來越出色。時至二〇一八年，李牧師主持了臺灣攝理教會當時最大教會的購買案，成功完成了聖殿建設。後來她所主任牧養的教會人數超過五百人。她的故事，可以說是攝理教會女性牧者的一個非常具有代表性的案例。

　　第二位蠻有代表性的女性牧者是孫牧師（1979-），高中是臺北市中山女中，畢業於政大國貿系，二十歲開始先在攝理教會的藝術部門中央擔任服事，而後於二十九歲開始在臺中的攝理教會四十人左右的教會牧會，三年後讓教會人數超過一百人，而後被調來臺北的教會牧會。近十二年的牧會生涯中，也長期同時擔任過全國的教團宣教局長、全國復興聚會巡迴牧師等重要職位。現在也是臺北最大區會之區會長牧師，牧養人數也近一千人。她在二〇〇九至二〇一〇年，推動了攝理教會人事上更本土化的改革行動。近年來，孫牧師所帶領的教會，也在臺大、政大的宣教發展上有亮麗的表現，連年在攝理教會內部取得宣教上的優秀獎勵。孫牧師當年會走上牧會的道路也很有特色：

> 我從小有兩個比較特別的想法，一個是我覺得我不是爸媽親生的，他們好像是把我撿來的。另外一個想法是，我很想贏過男生，從小就有這個想法，甚至我想要當男生，一直覺得為什麼我要當女生，覺得不開心，而且我覺得我媽把我的名字取得太像女生，就是太女性化，其實是因為我覺得媽媽太重男輕女。另外，因為一整天在家裡陪伴我們的都是媽媽，爸爸很少回來，媽媽又很嚴重的重男輕女，讓我覺得忿忿不平。後來來到

攝理教會，鄭明析牧師卻很公平來對待女性，甚至從我剛來教會資歷很淺的時候就給我很多使命，我覺得很感謝。鄭明析牧師曾經在我受洗不到兩年時（大二），交代我一個使命：從今以後，你要成為牧者跟教友之間的橋樑。我非常地震撼，因為我資歷真的很淺。我就想說：我怎麼可能成為橋樑呢？鄭明析牧師就說：「當會眾對牧者有疑問的時候，你要讓會眾了解牧者的心情；當牧者不了解會眾的心情的時候，你要讓牧者了解會眾在想什麼。」其實那時候我才大二，鄭明析牧師就給我這樣的指示，所以後來不管是 XX 哥，或是 OO 哥（教會男性的前輩們），我都敢直接表達我對事工的不同意見，我真的滿努力做這件事情。鄭明析牧師甚至用比喻說，我就是坐在副駕駛座的人，牧者就是坐在駕駛位上面，如果牧者打瞌睡，一定要提醒他。那時候我非常地衝擊，因為我本來覺得我這麼年輕能做什麼？可是鄭明析牧師的教導讓我覺得：喔！原來神是看重年輕的我的！所以我就開始更努力的在教會服事，也讓我很有勇氣去表達異見。甚至後來在二〇〇九年的時候，我帶領臺灣教團向鄭明析牧師報告了當時來臺的韓國宣教士的一些不當行為，讓他召回那位宣教士，才讓臺灣教會的宣教發展走上了更本土化的道路，也變得更加順利……。[54]

孫牧師從小不喜歡家裡的重男輕女的價值觀，讓她一度想成為男性，這與時至今日許多女性在性別不平等的狀態下，想成為男性的嚮往的困境頗為類似。[55]初到教會時，孫牧師也認為自己資歷尚淺，不可能

54　《攝理教會孫牧師訪談內容》。

55　詳見〈有GG就了不起啊！女生崩潰想當男生的十大原因〉轉引於網站：https://dailyview.tw/Daily/2018/10/04。

有太多作為。但作為教會領導者的鄭明析先生，卻從一開始就給予才大二的她勇於表達女性主見看法的機會，也讓她擁有使命感，成為一個年紀輕輕，就敢於直接對男性牧師提出不同意見的人。尤其在臺灣攝理教會發展的關鍵一年（2009年）只有孫牧師跟李牧師等少數幾位同工，大膽地針對韓國宣教士的一些不當行為提出異見，並且直接跟鄭明析先生溝通，讓鄭明析先生了解狀況後，做出了召回當時那位韓國宣教士的重大決策。從此臺灣攝理教會的發展更有主體性，更加以臺灣的社會文化脈絡為依歸，宣教也開始更有突破。進而，孫牧師也解釋她為何下決心一輩子守貞在教會服事的原因：

> 剛來教會時，教會前輩的男性牧師們常說：「不結婚的女生容易變成怪人、老處女」，我那時候還不知道我們攝理教會也有人像是天主教神父修女一樣，為了愛神而不結婚的事。我一開始接收到的都是很傳統的社會觀念，女生就是要成為妻子，相夫教子。加上我來攝理前原本不想結婚，那是因為過去看到太多不好的婚姻而對婚姻感到畏懼，但來攝理後一開始又覺得這裡的人很好，所以是有想要在教會找到未來的伴侶結婚的。但後來當我在聆聽證道時，聽到鄭明析牧師講了自己如何愛耶穌甚至到不結婚的故事後，就在這樣不知不覺中，當我在為未來禱告的時候，竟然有不結婚為教會服事的想法。……後來我想，我之所以最後選擇全職，甚至不結婚來當牧師服事的原因很簡單。因為我對理想對象的要求非常的嚴格，就是他一定要比我強，是可以一輩子教導我的人，就是要懂很多、會很多，但在人生的歷程中，我體會到人還是有太多的不完美跟不完全，所以我覺得還是唯有主才是最完美跟完全的，還有神才是符合絕對比我強、又可以不斷教導我的一位，那麼，我為什麼

還要嫁給別人呢？[56]

攝理教會不同於一般傳統改革宗教會，雖然鼓勵在教會內的正常婚姻，但也模仿羅馬天主教會，保留了神職人員可以選擇守貞不婚的傳統（男性、女性都有），稱之為「信仰明星」，但卻常被外界惡意攻擊人士污名化為「性醜聞」的對象。[57]然而透過孫牧師的訪談內容，我們看到的反而是類似前文所引丁仁傑的研究，雖然是不同信仰（丁研究的是佛教），但類似的點是不婚、出家，都是信徒本身女性主體意識的展現而做了如此的選擇。

最後一位，是目前攝理教會比較年輕一代的女性牧者顧講道師（1985-）。她就讀臺灣大學大一時加入攝理教會後，雙修農推系與社會系。畢業後雖然在臺大社工系擔任研究助理，但也於下班閒暇同時擔任教會臺大聯合團契的帶領人，近年來在攝理教會自辦的神學院畢業後，也正式成為臺大附近教會的副牧（類似副主任牧師），決心未來一步步成為全職的牧者。訪談中，顧講道師談到攝理教會如何看待女性人才的養成事工：

> 與職場當中女性常見的職場天花板不同，攝理教會並不吝於任用女性擔任重要職務，會按照個人的能力及特質做適宜的安排。我比較過男性牧者及女性牧者的比例，可以說攝理教會在事工的指派及分配上，或是神學院就讀期間給予的栽培與進修，不論男女，都給予均等的機會，不會因性別而有所不同，不過多年來實際上女性更加積極且有優秀表現，比例上高於男性。[58]

---

56 《攝理教會孫牧師訪談內容》。

57 詳見Massimo Introvigne宗教百科研究網站。

58 《攝理教會顧講道師訪談內容》。

顧講道師的觀察，可以代表目前臺灣攝理教會人才培育的最新狀況，女性擔任聖職的比例是遠大於男的，透過她所提供的數字，可以用以作為跟其他基督宗派比較時的重要基礎。

由顧講道師提供，臺灣攝理教會現任聖職者約有一一〇人，有七十四人是女性聖職者（67.2%，比例近七成）。全國各縣市共有教會十九間，現任正副牧者（具有證道權、教會領導權）四十三位，三十一位是女性（72%，超過七成）。在這三十一位成員當中有十四位女性為主任牧師（45%，將近五成）。特別超過五百人、三百人（對攝理教會而言被歸類為中、大型教會）以上教會正牧，均為女性（百分之百）。攝理教會將臺灣全國劃分為六個區會，其中五位區會長牧師均為女性（83%）。尤其，臺灣攝理教會歷任對全國總會事務擁有決策權的的七位教團牧師中，有五位都是女性（71%），這些成員也多擁有臺灣大學、政治大學等學士或碩士以上學歷。對比臺灣重要的基督教派長老教會，即便時至近三年，莊淑珍仍撰文倡導教會內需追求「性別公義」。莊淑珍也提出數字分析，她觀察到女性牧者不僅在長老教會總會議會活動的參與上，一九九〇年代初根本只有百分之二，直至二〇一七年僅到達百分之十七點八六，還有牧會的在比例上以及實踐上，都仍受到歧視的困境，仍有教會群體不接受女牧者等狀況。[59]攝理教會對於女權在宗教場域上的實踐，早從臺灣創會起初（1987-1988年之間），女性聖職者比例開始都一直超過五成，普遍教友均視女性成為聖職者與教會領導層為理所當然，可以說在性別上本來就完全平等。以上可見，攝理教會的女性神學絕對不僅僅是理論，而是在日常信仰生活的具體實踐，在具有儒家文化父權觀念長期影響的韓國與臺灣社會，已經開創出另外一片女性追求主體性的天空。

---

59 莊淑珍，〈從兩性平權到性別公義的努力〉，頁54-58。

四 反省批判父權思想框架下的新興宗教女性信徒的 「被洗腦」說

往昔在父權思想的定位中，女性常被輕視為感性、無法理性判斷，容易被命運主宰又或者會受到男人欺騙的情況，如同西蒙‧波娃（Simone de Beauvoir, 1908-1986）所描述的：

> 女人不接受邏輯原理，也不承認道德規範，對自然法則持懷疑態度，所以她對一般存在缺乏判斷力：在她看來，世界彷彿是各種特殊情況的大雜燴。這可能是她寧肯相信鄰居的閒言碎語，也不願意相信科學解釋的原因。……在她的範圍內一切都是有魔力的；在此之外，一切也都是神秘的。她不熟悉判斷是非的標準；只有直接的經驗——她自己的經驗，或經過再三強調別人的經驗，才是令人信服的。至於她自己的自我，她覺得她是一個特殊的情況，因為她被隔絕在家中，不能主動接觸其他女人；她總是期望命運和男人能給她帶來額外的利益。她非常相信她的直覺，而不是相信普遍有效的推理……。[60]

父權思想認為女性會隨便相信神秘、直覺，不相信理性、推理，甚至不懂科學解釋。一般媒體或者傳統宗教對新興宗教之女性信徒的批評，何嘗不也是認為女性信徒均被教主洗腦，不可能有理性判斷。他們都認為女性信徒會無條件順從地接受教主任何包含性侵等等的無理要求，也藉此否認女性有可能擺脫傳統宗教父權為中心的枷鎖，轉而去新興宗教中嘗試尋找女性在宗教場域的主體性與實踐。不論任何新

---

60 〔法〕西蒙‧波娃（Simone de Beauvoir）著；邱瑞鑾譯，《第二性（第三冊）》（臺北：貓頭鷹出版社，2013），頁1005-1045。

興宗教幾乎都被污衊為洗腦女性信徒，甚至傳聞會被教主性侵的異樣組織。然而，正如 Massimo Introvigne 所言，所謂「洗腦」之說在西方學界早就被重新檢討，不被視為嚴謹的科學研究，甚至說這是一種偽科學。[61]其實，除了部分極端宗教確實有真實案例外，更多的時候均是子虛烏有，這反而是一種父權思想框架下，在宗教場域中對女性的另一種污名化、幼體化的行動。

正如過往，我們長期生活的父權社會體系中，若有女性被性侵的新聞事件發生時，多半會引起社會的強烈反應與嚴厲譴責，並且深為女性畏懼。我們常忽略這樣的關注度與和父權社會結構有關，在這當中隱含著許多爭議和懷疑。[62]

近年研究指出，由於自由主義所帶來的商業化影響，大眾媒體對於性暴力的報導有增加趨勢，且內容更加詳細，以求帶給閱聽人愉悅的快感。[63]這類報導容易偏向「常態化」、「個人化」、及「瑣碎化」地報導男性對女性的性暴力，進而強化男性對女性的控制、與支持父權意識型態。媒體不時採取 Butler 所謂的「令人興奮的言語」（excitable speech），無形中強化強暴迷思的威力，形成一種對於女性與性暴力的刺激文化。[64]媒體常把焦點放在是否引起讀者好奇，以及有沒有賣點，而非真正關心社會正義，或者關心受害人。[65]

臺灣社會性侵新聞的長期走向和變化如何？早年研究已發現，臺

---

61 詳見James T. Richardson, Massimo Introvigne, *"Brainwashing" Theories in European Parliamentary and Administrative Reports on "Cults" and "Sects". Journal for the Scientific Study of Religion*, Vol. 40, No. 2 (Jun., 2001), p. 143.

62 蔡雁雯、蘇蘅，〈性侵報導的強暴迷思與轉變〉，《新聞學研究》第128期（臺北，2016），頁87。

63 蔡雁雯、蘇蘅，〈性侵報導的強暴迷思與轉變〉，頁91。

64 蔡雁雯、蘇蘅，〈性侵報導的強暴迷思與轉變〉，頁91。

65 蔡雁雯、蘇蘅，〈性侵報導的強暴迷思與轉變〉，頁99。

灣媒體傾向將強暴事件「標籤化」、「被動化」、「特殊化」與「聳動化」，並以「形式對等」展現「分配的不平等」等意識形態來建構強暴的社會事實，將加害人反轉為受害人，讓社會再度落入父權體制的霸權論述中。[66]臺灣主要報紙在二〇一三年的性侵新聞中，無論在文字和圖像，都「創造」出一種扭曲和放大性暴力的「媒介真實」。透過報導「想像」的建構案情和現場，更提供一種訴諸於感官的偷窺愉悅。例如，蘋果日報的性侵新聞報導，出現類似把性暴力新聞當成「行李箱」打包式的新聞報導，不但內容盡可能瑣碎化，新聞「加值」以感官化、戲劇化、事件圖像化。[67]以上研究均顯示，女性被性侵有時候是一種刻意而為的炒作，引發父權思想下，社會大眾對性的不正當幻想與好奇。一般對於女性信徒參加新興宗教後被性侵的想像與報導，又何嘗不是如此。

　　在臺灣媒體中，對攝理教會的惡意污衊，多是此類小報或八卦週刊的報導，而其攻擊性的內容與標題，均是類似前述研究中，刻意引發父權思想的男性與社會大眾對性產生的不正當幻想與好奇心，或者對女性「幼體化」的描述模式：

> 壹周刊最新一期封面故事，以斗大的字體、照片報導來自韓國的攝理教會「JMS」教主鄭明析假借救世主之名，騙去近百名大學校園美女的貞操。[68]

> 來自韓國的攝理教在臺灣已經悄悄活動了十年之久，主要吸收

---

66 蔡雁雯、蘇蘅，〈性侵報導的強暴迷思與轉變〉，頁103。

67 蔡雁雯、蘇蘅，〈性侵報導的強暴迷思與轉變〉，頁125。

68 詳見《壹週刊二〇〇一年十一月第二十四期封面故事：邪教主誘姦臺大、政大百位女生》。

「政大」、「台大」、「中央大學」等大學的高材生，上百名女大學生慘遭邪教教主的誘姦。……[69]

攝理教致力在公立和私立大學之中，利用體育、音樂等課外文化活動俱樂部誘騙女大學生入教，甚至在組織內部成立了誘騙年輕漂亮女大學生的「模特部」和「女子啦啦隊」。[70]

韓國「攝理教」教主專找處女下手。[71]

舞臺上，模特兒盡情的展現自我，架式十足，但不說誰也看不出來，其實她們都是中央大學的高材生，……創辦人就是被韓國跟北檢通緝的攝理教主鄭明析……。[72]

以上攻擊教會的內容都是用帶有父權思想強調「貞操」、「處女」的用語，此外，文字中又喜歡強調「女大生」、「臺大」、「政大」、「中央大學」等菁英大學的「女生」、「上百名女大學生」等等用字遣詞，藉以加強女性菁英被洗腦的鄙視性描述，每每暗示所謂的菁英女性不具有理性、有能力去正常的判斷，甚至還刻意再次塑造所謂的「處女」情結。

不過實際上，在臺灣那些批評者所宣稱的任何教會發生的性侵案件，經過司法或有關部門調查，都查無證據，隨意攻擊的人最後也都公開道歉：

---

69 〈邪教魔掌緣何頻頻伸向大學女生？2016-09-07〉網址：https://kknews.cc/news/yekbpg.html

70 〈邪教魔掌緣何頻頻伸向大學女生？2016-09-07〉網址：https://kknews.cc/news/yekbpg.html

71 〈邪教魔掌緣何頻頻伸向大學女生？2016-09-07〉網址：https://kknews.cc/news/yekbpg.html

72 〈攝理教主涉性侵專收高挑美女，華視新聞網2005/10/1319:00〉網址：http://news.cts.com.tw/cts/society/200510/200510130185147.html。

本人 XXX，目前就讀於 OOOO 大學，民國九十四年十月間，本人曾直接向媒體業者（蘋果日報）散布足以毀損貴會及貴會創辦人鄭明析總會長、林長青理事長、林輝川牧師……等人名譽之不實資訊。同時期，本人亦曾經由 PTT 黑特版、八卦版……等數個網路電子布告欄，向不特定之大眾散布前述之足以毀損貴會名譽的不實資訊。本人之行為，不但造成貴會名譽上之重大傷害，也使貴會總會長，理事長，林、洪兩位牧師，貴會其他牧師及會員遭受嚴重困擾……。[73]

本人 XXX，於民國94年至95年在網路上發表對中華基督教新時代青年會[74]（社會大眾普遍所知曉的攝理教會）不實及污衊文章，造成社會大眾對其產生負面觀感及誤解，並造成該會眾教友困擾，對此本人感到相當抱歉，在此聲明中對該宗教團體致歉，也感謝該宗教團體人士包容及諒解，並給予本人改過自新的機會……。[75]

類似道歉書或有關部門之調查結果不只一份，其他內容文長在此不多引，僅於註腳及附件中供查考。[76]部分惡評人士也真的受到司法判決的制裁，如二〇〇六年六月，基隆地方法院判決結果，指王 XX 未經

---

73 陳XX聲明書1，詳見附件1。

74 說明：當時基督教福音宣教會在臺灣登記的社團法人名字是：中華基督教新時代青年會，故成為當時的道歉對象。

75 陳XX聲明書2，詳見附件2。

76 詳見附件3，教育部函中華基督教新時代青年會公文（2006年1月11日）：「有關本部校安中心瞭解「韓國攝理教會」於校園活動案……截至目前為止，尚無學校通報發生如媒體所述之學生受害事件。」或見二〇〇六年八月十八日聯合報頭版道歉啟事。不僅臺灣，當攝理教會開始比較懂得使用司法訴訟去回擊惡評攻擊者後，韓國教會也常取得勝訴，詳見Massimo宗教百科研究網站。

查證便依照內容指稱「鄭明析性侵大學女教友」構成毀謗行為，判處拘役三十天，緩刑兩年。[77]然而，這些惡意的污衊與批評還是造成了宗教領導者與女性信徒兩者同時被污名化的現象，也讓女性信徒的主體性被完全否定，被徹底幼體化。

楊婉瑩引用琳恩・泰瑞歐（Lynne Tirrell）的研究，發現在討論語言的論述性功能時指出，稱呼一個成熟的女性為女孩（girl），等於安排了特定角色功能，否認了她的成人地位並合理化男性的家父長式對待（paternalism）。稱呼熟女為「少女」，不但合理化付她較少薪資、不信任她作重大決定等，同時更否認其自主性與判斷行為能力。一旦將之賦予弱小地位，相對的次等對待隨之而來。[78]特定有心人物與媒體將攝理教會女性信徒定位為「被洗腦的女大生」、「教主的處女選妃」等的污衊性攻擊，與琳恩・泰瑞歐說的「女孩、少女」實有類似意義，也實為不該容忍其繼續發生的霸凌行為。惡評之人，以保護女性之名所做的諸多惡意攻擊，根本就是對女性信徒造成更嚴重的傷害。

五 結語

如前所述，不少學者肯定新興宗教有可能比傳統宗教，更能帶給女性信徒更多尋找主體性的空間。本文以基督教福音宣教會創立者鄭明析先生女性神學與其教會之女權實踐為中心分析，指出不論是對聖靈是女性神的詮釋、對宗教的身體的去性別化詮釋，以及從教會傳入

---

77 詳見二〇〇六年六月二十二日聯合報王文益敗訴相關報導。轉引於網站：http://blog.udn.com/zhandywang/1578698。

78 詳見楊婉瑩，〈沒有選擇的選擇——女性從政者的雙重束縛〉，收入王曉丹等，《這是愛女，也是厭女：如何看穿這世界拉攏與懲戒女人的兩手策略？》（臺北：大家出版，2019），頁182-192。

臺灣創立之初開始，具體尊重女性在教會實際領導權，是攝理教會
（特別是在臺灣）之所以能吸引大量女性信徒的重要原因。此外，本
文的研究也反省，社會輿論與媒體常將新興宗教的女性信徒形塑為不
理性、被洗腦的、宗教狂熱、對教主的瘋狂迷戀等形象，是該被糾正
甚至該批判的。蘿特曾言：「每個時代總有一些人數日漸增加的少數
派（a growing minority）……這些批判者轉而選擇另外的真理來源：
轉向新近的批判思想對抗於宗教傳統：轉向那些曾被主流傳統譴責、
壓制的異端傳統。這些追求表明了一個更深的需要：使自己在歷史處
境中具有意義，而不是自我欺騙。」[79] 參照蘿特所言，當我們暫時超
越社會輿論與媒體對攝理教會中女性信徒的污名化、幼體化，也可重
新理解鄭明析先生如何開創攝理教會與傳統宗教不同的女權實踐。

---

79 〔美〕蘿特，《性別主義與言說上帝》，頁28-29。

參考書目

丁仁傑，《民眾宗教中的權威鑲嵌：場域變遷下的象徵資本與靈性資
　　　本》，臺北：聯經出版，2020。

王曉丹等，《這是愛女，也是厭女：如何看穿這世界拉攏與懲戒女人
　　　的兩手策略？》，臺北：大家出版，2019。

蔡明慧，《女性神學對女性形象之重構》，中原大學碩士論文，2003。

顧燕翎，《臺灣婦女運動：爭取性別平等的漫漫長路》，臺北：貓頭鷹
　　　出版，2020。

〔美〕Barbara J. MacHaffic 著；朱麗娟譯，《她的歷史——基督教傳
　　　統中的婦女》，臺北：婦女事工委員會，1997。

〔美〕凱倫‧阿姆斯壯（Karen Armstrong）著；梁永安譯，《聖保羅：
　　　基督教史上極具爭議的革命者》，臺北：立緒文化，2016。

〔美〕羅德尼‧斯塔克（Rodney Stark），《社會學家筆下的基督教
　　　史》，北京：中國社會科學，2019。

〔美〕蘿特（Rosemary Radford Ruether）著；楊克勤，梁淑貞譯，
　　　《性別主義與言說上帝》，香港：道風書社，2004。

〔美〕葛倫斯（Stanley J. Grenz）、奧爾森（Roger E. Olson）著；劉
　　　良淑、任孝琦譯，《20世紀神學評論》，臺北：校園書房，
　　　1998。

〔法〕西蒙‧波娃（Simone de Beauvoir）著；邱瑞鑾譯，《第二性
　　　（第三冊）》，臺北：貓頭鷹，2013。

〔日〕秋本彩乃（Akimoto Ayano），《命の道を行く：鄭明析氏の歩
　　　んだ道（暫譯：行走生命的道路——鄭明析所走過的路
　　　程）》），東京：Parade，2019。

王思涵，〈韓國為何如此厭女？《82年生的金智英》背後的關鍵數據〉，
　　　　《天下雜誌（網路版）》（臺北，2019），詳見網站：https://
　　　　www.cw.com.tw/article/5097972。

田海華，〈性別與權力——對希伯來聖經律法的女性主義閱讀與詮
　　　　釋〉，《女學學誌：婦女與性別研究》第22期（臺北，
　　　　2006），頁119-142。

李玉珍，〈佛學之女性研究——近二十年英文著作簡介〉，《新史學》
　　　　第7卷第4期（臺北，1996），頁199-222。

李玉珍，〈大巡真理會的女性宗教參與：以驪州本部道場為例〉，《大
　　　　巡思想論叢》第34期（首爾，2020），頁75-105。

林仁謙，〈瑪莉嬤與法蒂瑪：一神信仰中女性宗教成聖性的比較〉，
　　　　《新世紀宗教研究》第16卷第3期（臺北，2018），頁99-
　　　　129。

邱子修，〈臺灣女性主義批評三波論〉，《女學學誌：婦女與性別研
　　　　究》第27期（臺北，2010），頁251-273。

盧蕙馨，〈現代佛教女性的身體語言與性別重建以慈濟功德會為例〉，
　　　　《中央研究院民族學研究所集刊》第88期（臺北，2000），
　　　　頁275-311。

陳琳，〈從《82年生的金智英》看時代病徵與女性性別困境〉，《電影
　　　　文學》第748期（北京，2020），頁134-136。

崔鮮香，〈1980年以後韓國女性政策的變化與發展〉，《當代韓國》第3
　　　　期（上海，2008）。

黃囇莉，〈身心違常：女性自我在父權結構網中的「迷」途〉，《本土
　　　　心理學研究》第15期（臺北，2001），頁3-62。

葉寶貴，〈天主聖三與女性神學並檢視其本位文化象徵〉，《神學論
　　　　集》127期（臺北，2001），頁134-157。

董　娟，〈傳統「男尊女卑」道德驅使下的韓國電影研究〉，《電影批評》（北京，2019）。

鄭明析著；CGM 翻譯部譯，《戰爭是殘忍的：愛與和平（共四冊）》，臺北：明人出版社，2019。

蔡雁雯、蘇蘅，〈性侵報導的強暴迷思與轉變〉，《新聞學研究》第128期（臺北，2016），頁85-134。

Martina Deuchler, *The Confucian Transformation of Korea: A Study of Society and Ideology* (Cambridge, MA/London: Council on East Asian Studies, Harvard University, 1992)

James T. Richardson, Massimo Introvigne, *"Brainwashing" Theories in European Parliamentary and Administrative Reports on "Cults" and "Sects". Journal for the Scientific Study of Religion*, Vol. 40, No. 2 (Jun., 2001)

Nathalie Luca, *"Le salut par le foot ou le football rattrapé par les sectes." Sociétés&représentations* 7: 1998.

CGM 官方網站：https://cgm.org.tw/about-us/about-cgm-taiwan

Massimo Introvigne 對攝理教會的介紹：https://wrldrels.org/2020/10/02/providence-christian-gospel-mission/

網路上對攝理教會批評的網站：

http://v2.groups.com.tw/life/message.phtml?session=5e6b2fb7a890a&tID=60871

https://kknews.cc/news/yekbpg.html

2006年6月22日聯合報王文益敗訴相關報導。轉引於網站：http://blog.udn.com/zhandywang/1578698。

K-19: THE WIDOWMAKER 電影相關介紹網站：https://www.rottentomatoes.com/m/k19_the_widowmaker。

〈有 GG 就了不起啊！女生崩潰想當男生的十大原因〉轉引於網站：
　　　https://dailyview.tw/Daily/2018/10/04。
《壹週刊2001年11月第24期封面故事：邪教主誘姦臺大政大百位女
　　　生》
《攝理教會鄭明析先生證道文字檔案》
《攝理教會李牧師訪談內容》（2020年9-11月份進行5次）
《攝理教會孫牧師訪談內容》（2020年9-11月份進行5次）
《攝理教會顧講道師訪談內容》（2020年10月份進行2次）

附件1：

<u>聲明書</u>

本人 **OOO** 目前就讀於 **OOOOO** ，民國九十四年十月間，本人曾直接向媒體業者（<u>蘋果日報</u>）

散布足以毀損　貴會及貴會創辦人鄭明析總會長、林長青理事長、林鐸川牧師、洪志明牧師以及貴會其他牧師、工作人員及會員等人名譽之不實資訊(但媒體所刊登之內容並非全部為本人所提供)。同時期，本人亦曾經由 bbs://ptt.cc hate 黑特版、gossip 八卦版、soccer 足球版或 home.kimo.com.tw/abelin777 等數個網路電子布告欄，向不特定之大眾散布前述之足以毀損　貴會名譽的不實資訊。本人之行為，不但造成　貴會名譽上之重大傷害，也使　貴會總會長、理事長、林、洪兩位牧師、貴會其他牧師及會員遭受嚴重困擾。經過冷靜反省，本人深有悔意，特此致歉，並保證絕不再犯。若有違反，本人願接受法律嚴懲。懇請　貴會同意與本人認罪協商，給予本人改過自新、重新做人之機會。

本人在此強烈譴責媒體對　貴會未經查證並誇大的不實報導，故意污衊　貴會的行為而造成　貴會所有會員名譽嚴重損害的結果，深感痛心。

　　此致

中華基督教新時代青年會

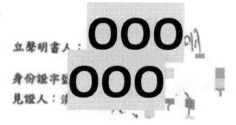

立聲明書人：**OOO** OO

身份證字別

見證人：

中　華　民　國　九　十　四　年　十　二　月　二十七日

附件2

<h3 style="text-align:center">聲　明　書</h3>

本人 00000 ，於民國94年至95年間在網路上發表對中華基督教新時代青年會(社會大眾普遍所知曉的攝理教會)不實及污滅文章，造成社會大眾對其產生負面觀感及誤解，並造成該會眾教友困擾，對此本人感到相當抱歉，在此聲明中對該宗教團體致歉，也感謝該宗教團體人士包容及諒解，並給予本人改過自新的機會，本人在此切結，保證日後不會再犯，否則將受法律嚴厲制裁。

此　致
中華基督教‧新時代青年會

聲明人：00000　　

身分證字號：

住址：

中華民國九十五年八月十一日

附件3

檔　　號：
保存年限：

教育部　書函

地　址：臺北市中山南路5號
傳　真：02-33437920
聯絡人：曲冠勇　電話：02-33437914

台北市文山區萬和街5號3樓之2
受文者：中華基督教新時代青年會
發文日期：中華民國95年1月11日
發文字號：台軍字第0940180806號
速別：速件
密等及解密條件或保密期限：普通
附件：無附件

主旨：有關本部校安中心瞭解「韓國攝理教會」於校園活動案，
　　　復如說明，請　查照。

說明：

一、復　貴會94年12月19日新青字第94025號函。

二、本部為中央教育行政主管機關，對各級學校校園安寧及
　　學生安全負有督導之責，鑑於94年10月13日，蘋果日報
　　大幅刊載報導「邪惡邪教魔爪校園再現–攝理教主性侵
　　千人」等新聞，同日及次日其他新聞媒體亦有相關報導。
　　本部校安中心秉於職責，乃於94年10月15日請高中職校、
　　大專校院所屬之校安中心瞭解校園是否發生相關事件，
　　俾有效防範未然或進一步協助處理，共同維護學生安全。

三、截至目前，尚無學校通報發生如媒體所述之學生受害事
　　件。

正本：中華基督教新時代青年會（台北市文山區萬和街6號3樓之2）
副本：內政部‧軍訓處

教育部

捌　新興教會的新冠疫情應對

──以基督教福音宣教會為中心的觀察

一　前言：疫情中的宗教衝突問題

　　以色列歷史學家、《人類簡史》作者尤瓦爾・赫拉利（Yuval Noah Harari）曾發表他的觀察，認為人類在這次應對新冠疫情過程中所作出的選擇，將會影響我們今後許多年的生活。新冠疫情對社會與國家造成的巨大影響，究竟是會影響日後人類社群變得更團結，還是更孤立？執法、監視工具將被用來保護，還是壓制公民？在各國中有著不同的發展。比起馬上對「後疫情」時代的發展作出論斷，筆者更覺得，透過疫情發現過去社會中本來就存在的問題，也能作為我們觀察的重點。

　　在上半年各國的新冠疫情擴散與圍堵的過程中，宗教問題也在此中發酵，成為相關議題的風暴中心，特別是在東亞，與我們臺灣鄰近的韓國。紐約時報與 CNN，也都注意到這些狀況，而有相關報導。[1] 由下半年第二波韓國疫情再起的發展，回顧之前的輿情，不得不讓我

1　詳見：In South Korea's New Covid-19 Outbreak, Religion and Politics Collide或見South Korea's latest church-linked coronavirus outbreak is turning into a battle over religious freedom）Choe Sang-Hun, In South Korea's New Covid-19 Outbreak, Religion and Politics Collide, 轉引於網站：https://www.nytimes.com/2020/08/20/world/asia/coronavirus-south-korea-church-sarang-jeil.html或見Paula Hancocks , South Korea's latest church-linked coronavirus outbreak is turning into a battle over religious freedom, 轉引於網站：https://edition.cnn.com/2020/08/19/asia/south-korea-coronavirus-sarang-jeil-moon-intl-hnk/index.html。

們發現到，韓國部分傳統基督教教派操作輿情，藉此對新興宗教進行獵巫行動，在韓國所造成的社會代價與不良影響，值得我們對此省思與參照。

根據中研院院士瞿海源教授的研究，二十世紀的新興宗教之所以會受到迫害，主要來自兩個來源，一個當然就是威權政府，如過去的國民黨的黨國體制，[2]或現今的中共政權。根據《寒冬》雜誌的觀察，中華民國政府和中共政府均繼承了中國古代王朝把新興宗教視為所謂「邪教」的打壓的概念和政策。臺灣戒嚴時期也曾把一貫道之類的非既有宗教，視為「邪教」。二十世紀五〇年代中國大陸也使用此手段大規模迫害龐大「一貫道」，那次迫害如今可能早已被人遺忘，但事實上，它卻成為隨後鎮壓其他團體的範本；[3]另外一個迫害力量的來源，則是傳統教派對於新興別異教派的排斥。因此學術上，宗教社會學者基本上是採取比較價值中立的立場，將新興宗教運動當成是一項社會文化現象加以研究，更常基於維護宗教自由的立場，對於新興宗教運動採取比較同情的態度，也許更能站在一個客觀與公正的立場說話，[4]因此本文也想採取類似這樣的視野來觀察這次韓國新冠疫情中的宗教衝突問題。

---

2 詳見瞿海源，〈解嚴、宗教自由、與宗教發展〉，收入中央研究院臺灣研究推動委員會編，《威權體制的變遷——解嚴後的臺灣》（臺北：臺灣史研究所籌備處出版，2001），頁249-276。或見董芳苑，〈國民黨政權的宗教迫害〉，收入張炎憲、李福鐘編，《揭穿中華民國百年真相》（臺北：吳三連臺灣史料基金會，2011），頁203-207。

3 根據《寒冬》雜誌的報導：在1953至1954年主要針對「一貫道」的反邪教行動中，82萬「領袖和組織者」以及一千三百萬跟隨者被抓捕或受到其他方式的迫害。詳見馬西莫·英特羅維吉（Massimo Introvigne），〈信仰「邪教」即獲刑入獄——但到底什麼是「邪教」？〉2018-08-09，轉引於網站：https://zh.bitterwinter.org/what-is-a-xie-jiao/。

4 林本炫，〈「新興宗教運動」的意義及其社會學意涵〉，《世界宗教研究》第3期（臺北，2004），頁6-8。

二　部分韓國傳統基督教教派對新興宗教的獵巫行動

　　從二○二○年上半年輿論與媒體的風向觀察，一度人們認為，韓國疫情第一波的擴散與爆發，是與韓國的新興宗教「新天地教會」有直接關係，於是整體社會對新天地教會產生了強烈的反感，具體行動上也對新天地教會採取了一連串的批判、圍剿，甚至可以說是獵巫的行動。某個程度上，這個新興宗教幾乎成為了韓國疫情的替罪羔羊。韓國社會也把疫情的爆發，歸罪於這個宗教與其他與之相關的團體。整體社會以獵巫與具體的法律行動，如逮捕或取消宗教團體本來的合法登記，近乎勒索的要求賠償等，對這個宗教的信徒與領導者採取了近乎滅教的行動。[5]

　　姑且不論新興宗教本身原本的活動是否具有爭議，但除了集權政府如中共外，在現代民主法治國家，都應該以基於維護宗教自由的立場以保障新興宗教信徒，並讓其也能擁有基本人權與各類不受歧視的平等對待。然而，在對照韓國這次的疫情上半年與下半年的雙重標準行動裡，很明顯看出了部分傳統基督教派對輿情的操作與利用，藉以消滅自己看不順眼的新興宗教。

　　學者早就有研究指出，二十世紀晚期，韓國國內基督教保守派力量通過向教徒和普通市民散發傳單、借力媒體、直接接觸等多種方式，大力宣揚自己保守教派的多種主張。基督教保守力量積極地向韓國的國會議員、政黨高層、政府高官等展開遊說活動，試圖說服韓國的議會、政府按照宗教右派力量的意願施政。他們也嘗試去控制輿

5　詳情可參考拙文：蔡安迪，〈韓國新冠疫情失控下，對新興宗教的獵巫恐懼〉，收入於《關鍵評論網》二○二○年三月十日，或見九個國際人權、宗教研究組織的共同聲明：〈Coronavirus and Shincheonji: Stopping the Witch Hunt〉詳見網站：https://www.cesnur.org/2020/shincheonji_appeal.htm。

論，擴大自己的政治、經濟影響力。[6]長期下來，保守基督教教派已經對韓國社會的輿情方向產生深遠影響，讓他們常常可以實現自己的宗教目標，當然也包括抹黑、鬥臭自己看不順眼的新興宗教團體。

長期關注宗教自由與人權問題的義大利宗教自由大使，也是著名宗教學者的 Massimo Introvigne 博士就注意到，新天地的教主李萬熙與新天地信徒對新冠疫情的處置，並沒有像外界傳言那般不配合政府，特別是下半年，比起抱持基要主義立場，隸屬傳統基督教派的首都的「愛第一教會」的信徒或他們心靈導師全光焄對疫情的藐視、輕忽與不配合度，完全是小巫見大巫。但社會輿論一直到最後，才開始對「愛第一教會」與全光焄牧師因為忍無可忍而有所批判。之前整體社會與政府似乎都一直被傳統教會挾制，敢怒不敢言，甚至連韓國總統文在寅本身都對之深感困擾卻又莫可奈何。

相較之下，社會輿情在傳統基督教派的打壓與操作下，對新天地團體完全沒有任何同情的理解與寬容，讓新天地團體只能乖乖地被政府及社會予取予求，最後的結果還包括團體領導人與多位信徒均悲慘地被逮捕，整體教會也都面臨到要被解散的命運，明顯地這就是雙重標準的對待方式。

不止 Massimo Introvigne 博士對韓國的宗教問題做出了自己的觀察，連長期關注各國宗教自由與迫害問題，自二〇〇五年起擔任人權無國界的執行長（Director of Human Rights Without Frontiers Int'l since 2005）Willy Fautré 博士，也特別做了詳盡的學術研究而撰文。Willy Fautré 博士指出，韓國政府針對新冠肺炎大流行的措施，對快速成長的新天地教會，具有強烈的歧視和侵害，而對於傳統基督教教派教會卻息事寧人。新天地教會遭受羞辱、欺騙及攻擊性的謠言，被要求提供

6　郭銳，〈冷戰後韓國基督教的保守化傾向及對國家政治的影響〉，《世界宗教研究》2014年第4期（北京，2014），頁117-118。

會員和財產的清單，教會部分領導人面臨不合理的懷疑、威脅、財務上的騷擾、迫害、子虛烏有的指控、逮捕和囚禁。相反的，政府對傳統基督教教派教會卻一再姑息，有罪不罰。Willy Fautré 博士這篇論文提供了不少具體的事實和證據，聚焦在對新天地的歧視，並分析宗教、社會政治之間的能動性，究竟是如何構成對新興宗教的騷擾。[7]根據 Willy Fautré 博士的研究，我們可以明顯地觀察到，韓國政府與社會輿論在長期受到傳統基督教會的掌握下，明顯地對新興宗教教派採取了雙重標準的對待模式，刻意藉由操作疫情，圍剿各種新興宗教，特別是新天地。

三　格外配合政府防疫信仰團體案例：基督教福音宣教會

也許新天地在教義上，對傳統基督宗教而言，確實是充滿了爭議，其宗教崇拜與儀式也無法被傳統基督宗教接受，但基於現代民主法治國家對個人宗教自由的尊重，對別異教派，社會大眾仍應當給予適度的宗教寬容。但傳統基督教派並不是只針對個別的一個教派，而是幾乎想透過操作疫情，也同時消滅他們看不順眼的新天地以外的非傳統基督教教派，如基督教福音宣教會（一般稱攝理教會）。從二〇二〇年二月中開始，基督教福音宣教會就全面配合政府疫情的防制，徹底取消實體聚會，全面改採線上禮拜至今（且是全世界各國的教會都同時採取對疫情的最高警戒態度，一律取消實體聚會），成了創下了近乎零確診的良好團體，受到韓國政府的肯定。二月二十三日，韓國總統文在寅在親自主持的新型冠狀病毒疫情對策會議上，感謝所有

7　Willy Fautré, COVID-19: Treatment of Clusters in Protestant Churches and the Shincheonji Church in South Korea. A Comparative Study. (*The Journal of CESNUR*, Volume 4, Issue 5 September—October 2020), pp. 86-100.

自主取消宗教活動的宗教組織，對於他們能依照韓國政府方針而取消活動表達了感謝談話文。這是因為在韓國國務總理丁世均二月二十二日晚上發表對國民談話之前，基督教福音宣教會早就決定以韓國為中心的亞洲國家在家進行禮拜。[8]同屬基督教福音宣教會，在疫情不那麼嚴重的臺灣教友，同樣也嚴格要求各教會以最高標準進行了防疫，二〇二〇年三月起，在臺灣的基督教福音宣教會也全面取消教會建物內部各項人員聚會，改以線上會議、線上禮拜形式，希望將所有造成傳染的可能性降到最低。[9]

基督教福音宣教會防疫歷程（臺灣）

	1月中旬	1/31	2/2	2/20	2/16	2/29
臺灣COVID-19疫情發展	WHO發布Covid-19疫情警報	鑽石公主號停靠基隆港			白牌司機確診彰化地區案例增多	臺灣本土案例首超境外移入案例
	1/25	2/8			2/21	3/2
CGM防疫措施	CGM發布具體防疫措施	CGM基隆地區分會暫停開放並進行自主管理	推動各分會防疫宣傳並推出防疫宣導影片	公告取消原訂於2/25舉辦的音樂會	CGM彰化分會暫停開放並進行自主管理	CGM全體所有聚會全面改採線上形式

其實類似基督教福音宣教會（攝理教會）這類的團體，就非常符合中研院民族所研究員丁仁傑在分析各類新興宗教對待二〇〇三年SARS 疫情的分類中，屬於「積極主動配合政府的防疫措施」的宗教團體類型。如丁仁傑所言，至少就社會運作連結的機制以及價值觀的共通性來看，與西方社會的發展不同，東亞民間社會的擴張與國家機

8　〈基督教福音宣教會，迅速應對冠狀病毒獲得好評〉，詳見網站：http://www.seoulcity.co.kr/news/articleView.html?idxno=330484。

9　〈[防疫措施公告]以全民防疫為第一優先，基督教福音宣教會即日起取消各項室內聚會，全面更改為線上形式。〉詳見官方網站：https://cgm.org.tw/news/events/1514-2020-03-02-06-09-39。

構的安定和強大，二者間似乎並未形成嚴重矛盾，除非情況特殊，民間社會領導者在社會實踐中，很少採取著與國家機構直接對抗的立場。如同丁仁傑所舉的臺灣慈濟功德會當初對政府防疫的配合一般，基督教福音宣教會（攝理教會）從創會牧師鄭明析先生帶頭，不斷呼籲教友配合政府，積極要求教友全面尊重醫學專業，採取極端小心的態度，完全沒有在這段時間去談任何個人的宗教自由權利，或者抱怨宗教聚會受到限制，也許可以歸類為丁仁傑所謂「強調集體社會價值」類型的宗教團體。[10]

　　但即便如此配合防疫，基督教福音宣教會（攝理教會）仍然無法逃過被韓國的傳統基督教教派攻擊的命運。隸屬韓國傳統基督教的電視臺，基督教廣播（韓語：기독교방송；英語：Christian Broadcasting System，簡稱 CBS）趁疫情期間，刻意製作了一個節目謊稱攝理教會隱匿確診病患，藉著疫情想再次炒作一波新天地教會之外的，對新興宗教的獵巫行動。結果卻很有趣的，真正被確診的反而是 CBS 自己的員工，CBS 因為所屬記者被確診感染新冠病毒，一度關閉了整個辦公樓並停止播出正式節目，在完成整個大樓消毒防疫後，CBS 才從八月二十日中午起才能重新開始播出節目。[11]透過這個事件，我們也再次可以看到，韓國疫情中，傳統宗教如何預謀並操作社會因為疫情而產生的恐懼，而對新興教派進行獵巫與抹黑的行動，雖然不一定都遂其心願，但也造成了社會的無謂之恐慌與某種程度上的撕裂。

10 丁仁傑，〈捍衛社會身體：臺灣SARS疫情中的災難治理及其宗教論述〉，收於《當代漢人民眾宗教研究：論述、認同與社會再生產》（臺北：聯經出版社，2009），頁462-463。

11 詳見網路新聞，〈CBS因出現新冠確診病例停播〉：https://world.kbs.co.kr/service/news_view.htm?lang=c&Seq_Code=68829。

四　鄭明析先生的理性、進步神學

　　如前所述，我們可以看到作為所謂新興教會的基督教福音宣教會在疫情期間自始自終，格外配合政府的防疫，而且在世界不同國家都抱持同樣的嚴格態度。會有這樣的防疫成果，其實也和教會創辦人鄭明析先生的神學思想有重要關係。

　　如蔡源林所整理，當代宗教社會學研究的重要權威斯塔克（Rodney Stark）在以「宗教市場理論」的建構者而聞名，該理論以「理性選擇」來解釋個人對宗教信仰的抉擇與行為模式，並從而建構出總體社會的不同類型宗教分布之消長趨勢。雖以常識性觀點而論，理性與信仰似乎是互相矛盾的兩件事，現代人習於將人們對宗教的信仰訴諸於非理性的因素，但斯塔克卻以大量的統計資料與文獻分析來證明理性與信仰不但不矛盾，而且相輔相成。[12]此外，我們更可以去思考這種越重視理性和科學特質的信仰，越能在新興宗教的神學裡面被發現。某些傳統的基督宗教在教義上偏向基要主義，對聖經之非字面詮釋完全不能接受，而被許多現代知識分子認為和自然科學有諸多衝突。但這些信仰科學的知識人不見得沒有宗教需求，因此他們就開始往新興教會裡去尋找信仰。鄭明析先生開創的基督教宣教會之神學在此過程中就有這種兼具科學與信仰的吸引力，也因此可以從一九九〇年代初至今於世界各國的大學生中興起宣教的可能。

　　如斯塔克所言，古典的基督宗教比起其他古代信仰，更有某種進步性質，同樣也認為聖經是有其他非字面詮釋的可能：

---

12 蔡源林，〈【推薦序】百年歷史大哉問「為何西方能，東方不能？」之再探〉，收入於斯塔克（Rodney Stark）著；蔡至哲譯，《理性的勝利：自由、科學、資本主義，以及進步的理性神學》（臺北：八旗出版社，2021），頁23。

> 基督宗教之神的形象，是一個相信人類進步的理性存在者，人
> 們的理解能力越高，神就更完全地顯現祂自己。另外，因為神
> 是理性的存在者，而且宇宙也是祂自己創造的。因此宇宙必然
> 是理性的、合乎法則的，也具有穩定結構的，等待人類更深理
> 解。這正是許多知識事業的關鍵，科學也由此興起。[13]

> 主流神學家像是奧古斯丁和阿奎那，都不會是今天所謂嚴格的
> 字面解經者（strict constructionist）。反之，他們以理性為方法
> 增進對神聖旨意更深入的理解。[14]

參照之下，近代以來韓國的某些堅持字面主義解經的基要神學反而
主宰著所謂主流教會。因此讓鄭明析先生自青年時代起對此就感到十
分疑惑，促使他在獨立宣教成立教會後，提出不同的非字面解經的方
法論：

> 一、以經解經下的「比喻」解經。
> 二、回歸聖經人物所處歷史脈絡下的「時代性」解經。
> 三、區分聖經語境中針對「靈」或針對「肉體」而言說的解經。
> 四、針對聖經預言中「時機」換算的日期與數字學解經。[15]

基督教福音宣教會在非字面解經的聖經詮釋裡所孕育出來的神學，對
於理性和科學自然就有充分肯定，也抱持非常強烈的進步觀，這點可
由鄭明析先生的各種末世論詮釋中看出，他從創立教會開始，就反對
所謂「終末論」式的末日詮釋，認為根本沒有所謂的世界毀滅，聖經

---

13 斯塔克，《理性的勝利》，頁56。
14 斯塔克，《理性的勝利》，頁50-51。
15 鄭明析，《2011年11月2日週三禮拜證道稿》以下引注都只標明證道日期。

的末日所指的只是一種宗教歷史上的新舊時代轉換：

> 關於聖經中的「火審判」，老師也早在十幾歲時就確實地瞭解
> 到，火審判並非既成所主張的那樣。既成說：「　神若施行火審
> 判，地球就會完全地熔化。地球會滅亡。」然後還拿科學家的
> 話來解經，說：「每個國家都有原子彈，那些爆炸時，地球就會
> 熔化。」或說：「不是那樣。宇宙會產生變化，太陽會靠近地
> 球，所以地球就會熔化。」或因為天然災害，而說：「地震後地
> 球會熔化。」如此以各種方式來解釋聖經。他們只是按字面的
> 意思解釋而已。老師瞭解到火審判並非那種「滅亡的審判」。
> 我正確地閱讀聖經，以　神的心情來閱讀了。……老師體會這
> 點後，從二十幾歲開始就說：「即使耶穌再臨，地球還是會運
> 轉，太陽還是會升起。　神會更加看顧並幫助地球。」[16]

> 既成認為並相信「世界末日時一切都會滅亡」，一直以來都只
> 把重點放在「避開滅亡」，如此度過信仰生活。這是因為他們
> 沒有好好研究聖經。老師早在五十年前就已經研究聖經，知道
> 末世時的審判並非「全部滅亡」，並且為了呼喊時代福音作預
> 備，然後在三十八年前出來世上呼喊。因此和　神、聖靈和聖
> 子一起達成了　神的新歷史——攝理歷史。[17]

> 馬雅曆在「2012年12月」結束，以此為根據，那時也是預言提
> 到的「地球末日會來臨」的時機。但這並非「地球的末日」，
> 而是舊時代〈新約歷史〉結束後，新時代〈成約歷史〉完全從

---

16 鄭明析，《2018年12月5日週三清晨箴言》。

17 鄭明析，《2016年5月4日週三話語》。

新約解放出來的意思。[18]在這時代錯誤地教導末世和地球末
日，使人感到害怕的宗教就是「這時代建造巴別塔的宗教」。
他們並不符合「　神的旨意」，所以歷史的主人會將他們統統
推倒。[19]

自古以來不同宗教都存在各式各樣的末日預言，認為世界會有結束或
者毀滅的日子，但鄭明析先生自始至終反對這種終末論的看法，把過
去基督宗教的創立，視為一種末日轉換，也就是末日就是舊約轉換為
新約，因此等同是把舊約轉換至新約視為神學進步之可能的印證，世
界文明的發展自然也同樣如此擁有進步的基礎。這些思想和斯塔克所
言古典基督宗教的「進步神學」非常有類似性。因此基督教福音宣教
會也常在教會的證道中強調學習科學知識的重要性，並主張某種程度
上的進步觀：

> 科學文明也是一樣，越是透過研究而變得發達，人就越會使用
> 機器來做，所以多做了一百倍、一千倍，做得更輕鬆。信仰的
> 生活也越發達越能脫離原始的信仰生活，藉此更多、更輕鬆且
> 更高層次地達成「　神的旨意」。[20]

> 神、聖靈和聖子會把萬物當成「文字和言語」來使用，對吧？
> 各位學習萬物，那立場就如同生物學家或科學家學習「世上學
> 問」一般。不要像從前那樣將「世上的學問」跟「信仰的知
> 識」分開來。如果學習知識的　神，就能同時學習「世上的學

18　鄭明析，《2016年3月16日清晨話語》。
19　鄭明析，《2020年3月1日主日箴言》。
20　鄭明析，《2017年5月17日週三話語》。

問」，也能進一步學習「在那之上的部分」。老師透過聖經和聖子學習了「世上的學問」，也學習了「科學」，所以很瞭解。[21]

對於政治、宗教、科學和社會方面也是一樣，有人嶄新地學習後跟隨新時代，也有人眼睛都看到了還是生活在舊時代……神總是會帶著「在新時代中瞭解的人」來展開歷史，讓其餘的人跟在後面。[22]

在鄭明析先生的神學中，科學和信仰的知識都具有同等的重要性。他鼓勵信徒都應該在這雙方面努力學習，也同樣不斷高舉信仰和文明同步發展的進步觀。在這些神學基礎上，自然讓所謂新興教會的基督教福音宣教會可能在某些程度上更加重視科學和醫學的重要性。

由以上神學基礎出發，基督教福音宣教會自然非常肯定各種科學發展的可能，尤其是尊重醫學專業。鄭明析先生平時就常在教會禮拜證道中肯定醫學的重要性，不斷要求教友要懂得善用醫學之進步來關心自己的健康：

個人自己都會好好照顧健康嗎？我即使說了那麼多次，要你們照顧自己的健康，但有些人卻想說：「我應該不會有癌症吧？」然後都不照顧自己。就算　神再怎麼給予幫助並同在，仍有「自己的責任分擔」，所以自己的健康必須由自己主動管理才行。自己要管理，也要得到　神所賜的醫學的幫助，而且也要禱告才行。有人疏於管理健康，結果牧會到一半就卸任去動手術，二十幾歲年紀輕輕就被宣告活不了多久。即使我從聖

---

21 鄭明析，《2020年5月3日主日箴言》。
22 鄭明析，《2017年5月17日週三話語》。

子那裡領受關於健康的啟示，也那麼多次透過證道叫你們管理了，但你們都不去做。老師即使被關好幾年，也還是時常管理健康並適度運動。因此生活得像青年一樣，也正度過超人般的生活。[23]

生活管理，皮膚管理，肌肉管理，關節管理，胃部、肺部、心臟管理，眼耳口鼻管理，手腳管理等，全都要徹底地做才行。要珍惜自己的身體並每天管理，才不會在壽限之前過世。就像這樣，「信仰管理、屬靈方面的管理」也要徹底地做。[24]

健康也是如此。不要說自己沒有特別做什麼會讓自己罹患癌症或重病的事，疾病會因著自己攝取的飲食、自己的體質或想法等因素而產生，所以總是要「管理健康」。癌細胞生成時，一開始很微小，後來會變成痘痘那麼大，接著會變成手指甲那麼大，甚至會變成腳的大拇指指甲那麼大。自己總是要管理健康，而且在疾病初期就要以「醫學」的方式來管理。[25]

由於創辦人鄭明析先生從平時就開始開始以身作則，強調相信醫學專業和照顧個人健康的重要性，教會平常都主張信任醫學的認知，因而自然更能在疫情期間完全以醫學專業為依歸，不會用任何非理性的宗教思考去判斷問題。因此從疫情尚未大規模爆發的初期階段，他就嚴格地在二〇二〇年二月二日主日禮拜中對全世界教會公告要徹底小心：

「自己小心吧！」這話語也適用於目前傳染至全世界的「新型

---

23 鄭明析，《2014年7月4日週五話語》。
24 鄭明析，《2017年10月5日週四清晨箴言》。
25 鄭明析，《2017年10月5日週四清晨箴言》。

冠狀病毒」。自己要小心，不要被新型冠狀病毒傳染。主和管理人都沒辦法追著你跑，要你小心。因為生活不同，所以無法追著你跑，而且一直走在一起，「本人」和「對方」都會被傳染。因此，自己要分外小心才行。經常在都市走動的人被傳染的機率比在鄉下不常外出的人還高。所以我已經對全體公告，叫你們不要來月明洞，要在自己的位置自己小心，盡到「責任分擔」，有智慧地展開歷史。在月明洞不要舉辦「各種聚會和教育」，盡可能縮減規模，以現場直播的方式進行。全都要在自己生活的地區展開歷史。攝理史全體要正確認知「國家的狀況」，以身作則，好好地應對才行。比起病毒已經擴散出去的時候，病毒還處於潛伏期的此時要更加小心！正透過教團布達詳細的公文，你們要參考公文，好好照顧「自己的健康」才行。要經常洗手，就算有點悶，出門還是要戴口罩，自己要小心地生活才行。[26]

觀察新冠病毒造成的損害，會想起「傷害沒有　神印記之人」的話語。大家要絕對順從　神所說的「自己小心吧」這話語。沒有聽到「自己小心吧」的話語之人就是「沒有蓋上　神話語印記之人」。[27]

新冠肺炎也是一樣，單憑宗教領袖是無法阻擋的。全國人民和全世界的人都要盡到責任才能消滅病毒。[28]

以上資料都顯示，在二〇二〇年二月初的禮拜進行之際，鄭明析先生

26　鄭明析，《2020年2月2日主日箴言》。

27　鄭明析，《2020年2月27日週四清晨，主的話語》。

28　鄭明析，《2020年9月13日主日箴言》。

就已經對全體教友嚴格的強調個人需要「小心」防疫的重要性。當時
世界上不少的宗教根本都尚未注意到新冠疫情的嚴重性，甚至連世衛
組織在二〇二〇年二月十一日才宣布將新冠病毒感染的肺炎正式命名
為「2019冠狀病毒病」（COVID－19）（Novel Coronavirus (2019-nCoV)
Situation Report -22），[29]三月十三日美國才宣布進入國家緊急狀態，
日本也是從二月底才由安倍首相宣布，將要求全國所有高中以下學校
自三月二日起暫時停課，直到四月的春假為止；臺灣的白沙屯拱天
宮、大甲鎮瀾宮也是到了二月底才確定宣布延期大甲鎮瀾宮原訂三月
十九日起駕遶境，等到疫情穩定再舉行遶境；教育部也是到了二月二
十才正式訂出 COVID-19停課標準。[30]

　　以上應對疫情積極度和速度的比較，可見基督教福音宣教會的應
對疫情如此積極又快速的反應。從基督教福音相對重視理性和科學的
神學出發，鄭明析先生把聖經啟示錄中所謂「神的印記」詮釋為是否
一個人有認知到防疫要盡到「自我謹慎」的說法，也就是說，一個人
是否會染疫，跟宗教信仰其實沒有太多神秘關係，而是一個人是否盡
到自己小心防疫的責任，身為基督教福音宣教會的信徒，不可能以為
有信仰就不會染疫。因此從創辦人以上做則，就嚴格公告教會全體都
要謹慎，徹底取消教會一切實體聚會。也嚴格呼籲教友整體都一定要
遵守所謂「各國的狀況」（意指政府的防疫規定），才能保守自己人身
之安全，另外針對疫苗施打問題也一樣，鄭明析先生早就自身帶頭，
完全按照政府防疫規定，在時間內施打兩劑，在證道中也認定疫苗是
神的恩賜：

---

29 詳見「Novel Coronavirus(2019-nCoV) Situation Report – 22」網站：https://reurl.cc/
　　aNYM1G。
30 詳見「【不斷更新】武漢肺炎大事記：從全球到臺灣，疫情如何發展？」網站：
　　https://www.twreporter.org/a/2019-ncov-epidemic。

在神動工之下讓人發明疫苗，打針的時候可以解決問題。人必
須要盡到人的責任分擔才可以。[31]

雖然很多困難，但我們感謝神仍舊保守、給予疫苗，希望按照
神的旨意生活。我們該感謝的部分太多了。我們再次獻上給神。
我們成為代表獻上感謝，直到全世界都成為代表獻上感謝。[32]

在清晨的時候特別為了疫苗這個部分來禱告，希望不要有副作
用，因為所有人都要打疫苗嘛。[33]

不打疫苗也不行，有些疫苗沒有那麼完全的關係，希望神賜下
恩典，讓我們得到更好的疫苗來打，……。[34]

以上可見，教會內部也根本沒有任何類似某些傳統宗教所謂的「疫苗
陰謀論」[35]。也持續強調即使打了疫苗，也要保持對防疫的高度謹慎
態度：「新冠病毒也是一樣，若骯髒就會染上。總是要小心新冠病
毒，雖然接種了疫苗，但疫情不會馬上結束，而是會慢慢收尾。[36]」
由此才能開創宗教上防疫優良的成果。

五　結語：臺灣宗教與公民社會的包容共存

美國著名政治學家，法蘭西斯・福山（Francis Fukuyama）在最

31　鄭明析，《2021年1月8日榮耀神話語》
32　鄭明析，《2021年2月28日主日話語》
33　鄭明析，《2021年5月2日主日話語》
34　鄭明析，《2021年5月4日清晨話語》
35　詳見「新冠疫苗陰謀論：事實核查改變DNA、植入微芯片等傳言」於BBC網站：
　　https://www.bbc.com/ukchina/trad/55248535。
36　鄭明析，《2021年8月14日歐洲巡迴話語（世界連線）》。

權威的政治學術期刊雜誌上發表了他對美國和其他重要國家對抗新冠疫情結果的觀察，他發現抗疫成功的重點，並不在於是民主國家或極權國家，而是在領導者和人民之間，能否信任政府、信任專業。[37]自從新冠肺炎疫情爆發以來，比起東亞各國或世界其他國家，臺灣的防疫成就在公共部門與社會各界的協力下舉世共睹，甚至可供其他國家借鏡。臺灣防疫的優秀表現，正如福山所分析的，是因為人民與社會大眾相信專業、相信政府。而在這當中，臺灣的宗教團體比起韓國，並未有任何盲目的激進行動，不論是傳統宗教或新興宗教教派，均一致配合政府的超前部署與防疫安排，也少有任何宗教團體或組織，藉著疫情操作任何鬥爭或抹黑其他敵對團體的行動，由此也看出了臺灣社會長期以來尊重多元價值的展現，充分實現了各宗教團體與公民社會可以和平共榮的景象！這樣的優良表現，也許長期被善良的臺灣人民視為理所當然而不自覺，但一旦對比起其他東亞國家的亂象，其實是值得我們讚賞與鼓勵的！看到韓國的例子，我們也反省，也許一般傳統宗教所排斥的「新興宗教」還不一定真正令人畏懼，反而是那些盲信的、與儒家封建思想充分結合而毫無寬容的東亞式的基要主義教派（學者杜維明就曾說：韓國的基督教具有強烈的儒家化色彩）[38]，才更加可怕。

---

37 Francis Fukuyama, *The Pandemic and Political Order, It Takes a State*. Foreign Affairs 2020-06-09. 轉引於網站：https://www.foreignaffairs.com/articles/world/2020-06-09/pandemic-and-political-order?amp。

38 方朝暉，〈波士頓學者論儒家（1）：杜維明論儒學的跨文化發展〉。轉引於網站：http://www.aisixiang.com/data/50077.html。

參考書目

丁仁傑，〈捍衛社會身體：臺灣 SARS 疫情中的災難治理及其宗教論
　　　述〉，收於《當代漢人民眾宗教研究：論述、認同與社會再
　　　生產》，臺北：聯經出版社，2009，頁421-485。

方朝暉，〈波士頓學者論儒家（1）：杜維明論儒學的跨文化發展〉。轉
　　　引於網站：http://www.aisixiang.com/data/50077.html。

林本炫，〈「新興宗教運動」的意義及其社會學意涵〉，《世界宗教研
　　　究》第3期（臺北，2004），頁1-26。

董芳苑，〈國民黨政權的宗教迫害〉，收入張炎憲、李福鐘編，《揭穿
　　　中華民國百年真相》，臺北：吳三連臺灣史料基金會，2011，
　　　頁203-207。

瞿海源，〈解嚴、宗教自由、與宗教發展〉，收入中央研究院臺灣研究
　　　推動委員會編，《威權體制的變遷——解嚴後的臺灣》，臺
　　　北：臺灣史研究所籌備處出版，2001，頁249-276。

鄭明析，《2011年11月2日週三禮拜證道稿》以下引注都只標明證道日
　　　期。

《2014年7月4日週五話語》。

《2016年5月4日週三話語》。

《2016年3月16日清晨話語》。

《2017年5月17日週三話語》。

《2017年10月5日週四清晨箴言》。

《2018年12月5日週三清晨箴言》。

《2020年2月2日主日箴言》。

《2020年2月27日週四清晨，主的話語》。

《2020年3月1日主日箴言》。

《2020年5月3日主日箴言》。

《2020年9月13日主日箴言》。

〈基督教福音宣教會，迅速應對冠狀病毒獲得好評〉，詳見網站：http://www.seoulcity.co.kr/news/articleView.html?idxno=330484

〈防疫措施公告：以全民防疫為第一優先，基督教福音宣教會即日起取消各項室內聚會，全面更改為線上形式〉詳見官方網站：https://cgm.org.tw/news/events/1514-2020-03-02-06-09-39。

「【不斷更新】武漢肺炎大事記：從全球到臺灣，疫情如何發展？」網站：https://www.twreporter.org/a/2019-ncov-epidemic。

「新冠疫苗陰謀論：事實核查改變 DNA、植入微芯片等傳言」於 BBC 網站：https://www.bbc.com/ukchina/trad/55248535。

Choe Sang-Hun, *In South Korea's New Covid-19 Outbreak, Religion and Politics Collide*, 轉引於網站：https://www.nytimes.com/2020/08/20/world/asia/coronavirus-south-korea-church-sarang-jeil.html

Francis Fukuyama, *The Pandemic and Political Order, It Takes a State.* Foreign Affairs 2020-06-09. 轉引於網站：https://www.foreignaffairs.com/articles/world/2020-06-09/pandemic-and-political-order?amp。

「Novel Coronavirus(2019-nCoV)Situation Report – 22」網站：https://reurl.cc/aNYM1G。

Paula Hancocks , *South Korea's latest church-linked coronavirus outbreak is turning into a battle over religious freedom*, 轉引於網站：https://edition.cnn.com/2020/08/19/asia/south-korea-coronavirus-sarang-jeil-moon-intl-hnk/index.html

Willy Fautré, *COVID-19: Treatment of Clusters in Protestant Churches and the Shincheonji Church in South Korea. A Comparative Study.* (*The Journal of CESNUR*, Volume 4, Issue 5 September—October 2020), pp. 86-10.

Korean New Religious Movements in Taiwan Facing the COVID-19 Pandemic: Christian Gospel Mission (Providence) Church's Response and Action

玖　臺灣主體性的追求與教勢發展
──以基督教福音教會為例

一　前言：追求臺灣主體性的歷史主旋律

　　羅德尼‧斯塔克常將當代新興宗教的興起，與基督宗教在古典社會的傳播做對照。[1]根據斯塔克的研究，早期基督教大部分來自中產階級。早期教會作者寫作的對象是知書達理、受過良好教育的群體。當時有一部分富裕的基督徒，其中包括「上流階層」的成員。透過歷史數據，我們就完全可以做出如此的定論──基督教並不是無產階級的運動，相反，它有著更高的社會階層基礎。[2]斯塔克在他更新的著作中，也同樣保持這樣的觀點：

> 在卡爾‧馬克思寫下「宗教是被壓迫生靈的嘆息是人民的鴉片」的時候，他只不過是表述了一種當時的人所持有的普遍觀點。但或許他更想說的是，「宗教常常是心懷不滿的下等階級的鴉片，因物質主義而感到絕望的富有者的嘆息」。當然，考慮到他的殘酷無情的智慧和個人的物質主義，馬克思絕不會這樣去設想這件事。太多的社會科學研究者也是一樣。幸運的是，大多

1　〔美〕羅德尼‧斯塔克著；黃劍波、高民貴譯，《基督教的興起：一個社會學家對歷史的再思》（上海：上海古籍出版社，2005），頁20。

2　〔美〕羅德尼‧斯塔克著，《基督教的興起：一個社會學家對歷史的再思》，頁37-39。

數研究新約的歷史學家已不再相信早期基督徒是奴隸和被壓迫
者的聯合體。如果真是這樣，基督教的興起就只能指望神蹟。[3]

斯塔克對上層階級與新興宗教的歸信研究對本文很有啟發。也令
我們重新去思考，部分的新興宗教，雖然也有基要主義的傾向，但也
另有部分的新興宗教比傳統宗教的教義更有彈性，能同時切合知識菁
英對信仰的渴望，與現實社會的關懷。

在一九八三年出版了《想像的共同體》這本研究民族主義起源的
學術經典的作者：班納迪克・安德森，在晚近的時機，他又撰寫專書
《全球化的時代：無政府主義，與反殖民想像》，描繪了一個在早期
全球化過程中興起的反殖民民族主義的原型──受胎於全球化（帝國
主義與殖民主義），因而也深受全球化形塑出一種開放的思想，進而
高度意識到當代世界是個非常重視相互連結、具有強烈國際主義精神
的民族主義。這個圖像徹底顛覆了通俗論述對民族主義封閉性格的描
繪與指責，因為它捕捉到全球化時代，殖民邊陲如何辯證地運用了帝
國創造的全球路徑進行抵抗。臺灣學者吳叡人曾引用其內容，來對照
當今臺灣、香港反抗中國威脅的情境。吳叡人認為：

在晚期全球化的時代，我們不得不繼續承受宗主國交替與連續
殖民的命運，但我們卻也因極端全球整合而吸收了大量關於世
界的知識，結交了無數跨國的友人，也建立了巨大的國際連結
網絡──如今我們的國際化程度已經遠遠超過一個世紀多以前
的黎剎。在晚期全球化的時代，每一個臺灣人，每一個香港人

3　〔美〕羅德尼・斯塔克著；張希蓓譯，《社會學家筆下的基督教史》（北京：中國社
會科學出版社，2019），頁95。

都是漫遊世界的黎剎。如果一個黎剎就開啟了想像民族之路，
那麼數以百萬、數以千萬計的黎剎可以成就什麼？帝國強大而
脆弱，因為帝國困守大陸，但島嶼卻擁有全世界。[4]

由以上研究可知，全球化與國族主義（民族主義）之間在一些特
殊的歷史情境下，並非是對立的，反而是相輔相成、互相催化。特別
是在東亞世界中別具特色歷史文化的臺灣（福爾摩沙）。

臺灣這個島嶼具有特殊的歷史，不僅有來自中國明、清兩代（明
朝：1368-1644；清朝：1644-1912），中國大陸的中華文化（漢文化），
也有受過日本殖民統治，二戰結束後，又回歸中華民國政府統治。因
此不斷地經歷被異文化壓迫的過程。為求壓制臺灣人的文化認同，日
本採取的手段之一是羞辱臺灣人為「清國奴」，等同利用羞辱中國認
同來羞辱臺灣人。以上可見臺灣知識分子被歧視或羞辱為「清國奴」
的往事，成為了臺灣被日本殖民統治期間的重要歷史記憶。由於受到
這種屈辱與不平等的待遇，臺灣許多知識分子都擁有與日本對抗到底
的意識。吳濁流（1900-1976），為臺灣二次大戰後重要的文學作家，
曾創辦《臺灣文藝》雜誌，並在晚年設立吳濁流文學獎，被譽為「鐵
血詩人」，在其自傳《無花果》中提到：

雖然五十年間被壓制在日本人的鐵蹄之下，但是臺灣人還是沒
有屈服，卻經常在做精神上的對抗。好像在學校也好，在運動
場上也好，各機關團體也好，時常都在努力著不輸給日本人而
競爭著。至於日本人，一直都持著優越感而自負比臺灣人優
秀，但臺灣人以為自己是漢民族而比日本人的文化高，於是在

4　吳叡人，〈《全球化的時代》導讀：《想像的共同體》理論架構下的菲律賓經驗個案
　　研究〉，載於關鍵評論網：https://www.thenewslens.com/article/126784，2019/11/07。

潛意識中做了精神上的競爭。換句話說，可以說是日本人和臺灣人在臺灣的五十年間做了一種道德的競爭。要證明這一點，可以舉出臺灣的良好治安並不輸給日本內地，尤其像不說謊、守信義等行為態度，都比他們做得更完善為證。[5]

　　屈辱的歷史激發出了臺灣人的主體意識，為求對抗日本，而其手段除了初期的武裝抗日外，則是對臺灣淵源於漢民族、漢文化的強調與恢復。

　　黃俊傑分析，臺灣知識分子精神世界裡的「祖國意識」，基本上是一種「集體記憶」（collective memory）——「祖國」在日據時代臺灣知識分子心目中是一種歷史的共業，這種共業以對漢文化的認同為其基礎。這種「集體記憶」是由當代人（尤其是日本人的殖民與壓迫）所建構的。而且，正如哈伯瓦克（Maurice Halbwachs）所說，「集體記憶」中的記憶者是作為群體的一份子的個人進行記憶，而不是一個與群體無關的個體在進行記憶。日據時代臺灣知識分子是在臺灣人群體的脈絡之中將「祖國」的歷史與文化當作「集體記憶」，而成為他們文化認同的一部分。臺灣人在日本殖民統治期間飽受日本人壓迫，在孕育臺灣人的「祖國意識」的諸多因素之中，「政治權力結構」是最根本的因素。不平衡的權力結構使臺灣人在日據時代快速形成「祖國意識」。[6]但是光復後國民政府的腐敗與歧視，又使他們的「祖國意識」轉化乃至消逝。[7]

　　從這一點來看，中華民國政府接管臺灣後的這段歷史，由於發生

5　吳濁流，《無花果》（臺北：前衛出版社，1991），頁161。

6　黃俊傑，《臺灣意識與臺灣文化》（臺北：臺大出版中心，2006），頁96-97。

7　Maurice Halbwachs, The Collective Memory, tr. with an introduciton by Mary Douglas (New York: Harper-Colophon Books, 1950), p. 4.

　　了二二八事件，與長期戒嚴所帶來的白色恐怖，使得雖然其統治亦有其功績與現代化建設的成就，但其不良影響的部分，可以視為「殖民化」後的「再殖民化」。陳翠蓮研究，因為日本帝國的刻意操縱與利用，中國人民對於「臺灣籍民」、「臺灣浪人」的惡劣印象由來已久。開羅會議確立日本戰敗臺灣將歸還中國的原則，自國民政府開始著手收復臺灣的準備工作以來，有關臺灣的統治方式議論紛陳。部分人士認為臺灣人民深中日本「奴化教育」之毒，而主張先予相當時間的「再教育」與思想消毒，方可給與自由權利。雖然也有人設身處地提出警語，「要祖國上下以留東五十年老留學生看待臺灣人民」，「假如以日本殖民或日本奴隸看法對付臺人，那麼中國之收復臺灣，就無異中國之殖民臺灣了」，在重慶臺灣人殷殷寄望「信任臺灣人，愛護臺灣人，尊重臺灣人」，切莫「用一種歧視的態度來對待臺灣人」，事後證明，這樣的主張並未能扭轉有關臺灣人「奴化」的偏見，也未獲得重視。這種先入為主偏見，尤其反映在亟需臺灣收復接管工作主事者的陳儀身上。[8]

　　祖國來的統治者不只取代了異民族殖民者的統治權力，更在文化上強調祖國的優越性，鄙薄被殖民地的臺灣文化。指控者認定臺灣人受到日本思想毒素與精神污染，是屬「奴化」、「氣短量小」、「心性狹險」、「缺乏自治能力」，要「去日本化」有賴「中國化」。「中國化」的重點在強調中國文化的高尚寬大，三民主義的優越進步，必須藉以完全去除臺灣文化中的「日本精神」與「奴隸根性」。同族的統治新貴還抬高民族傳統、美化中國文化，把在中國並未推行成功的民主科學，新生活運動責求於臺灣人，其整套思維邏輯無異於前殖民帝國，只是「大和民族」換成了「中華民族」。如此的「中國化」，對臺灣人

---

8 陳翠蓮，〈去殖民與再殖民的對抗：以一九四六年「臺人奴化」論戰為焦點〉，《臺灣史研究》第9卷第2期（臺北，2002），頁148-149。

而言，真是何其沉重。[9]往昔日本統治者曾鄙夷臺人為來自「支那」的「清國奴」，一九四五年後來的中國政府，又將臺人看為「日本奴」了。儘管「臺人奴化」論戰中的正反雙方都有將差異本質化的傾向，但是臺灣人知識分子仍能保持相當的自主與警覺。他們通視自己受日治統治五十年後已然非漢非和的混雜文化，不再崇尚漢族文化的純粹性，也不因被殖民經驗而自慚形穢，透過對日治遺產的重新評價，他們主張萃取其中的優良成分，再挑選中國與其他國家可資學習的部分，作為臺灣文化茁壯的養分，並且積極勾勒出文化世界化、社會近代化與政治民主化等方向作為臺灣人追求的目標。這種自覺與自主精神，正是追求去殖民最重要的力量。省視這一段歷史，則可理解戰後臺灣人的心理轉折與追求自主的決心。[10]是故，即便在戰後有白色恐怖政治的壓抑，以及長達持續三十八年五十六天的戒嚴[11]所帶來的恐怖與苦悶，主體性的追求仍是臺灣知識菁英的最在意的思想主流。

臺灣知識分子由於深受日本殖民主義壓迫的歷史記憶，加上中華民國政府接收初期的二二八事件等悲劇，導致臺灣知識分子更期待能夠擁有主體性，建立自我的尊嚴與認同。臺大歷史系教授吳展良曾言：

> 臺灣人真正爭的是自我認同與尊嚴，這是百年來自我受壓抑的結果。凡是能增進其自我認同與尊嚴感的，均為其所愛，反之

---

9 陳翠蓮，〈去殖民與再殖民的對抗：以一九四六年「臺人奴化」論戰為焦點〉，頁 162-163。

10 陳翠蓮，〈去殖民與再殖民的對抗：以一九四六年「臺人奴化」論戰為焦點〉，頁 189。

11 中華民國政府於一九四九年五月十九日在臺灣頒布了戒嚴令，宣告自同年五月二十日零時（中原標準時間）起在臺灣省全境實施戒嚴，至一九八七年由時任中華民國總統蔣經國宣布同年七月十五日解除該戒嚴令為止，共持續三十八年五十六天。該戒嚴令實行時期又被稱為「戒嚴時代」或「戒嚴時期」。

則為其所激烈反抗。從黨外運動以來一切抗議的背後,其最核
心也最能激動人心的訴求,就是完成臺灣人的自我認同與尊
嚴。[12]

受到羞辱與壓迫的歷史記憶,導致追求尊嚴與自我認同,成為了
日本殖民統治、回歸中華民國政府以來,面對中共威脅的情境下,臺
灣思想史發展的主要軸線之一。而在這追求主體性的過程中,在臺灣
的基督宗教扮演了思想上的一個重要資源。其中首先扮演關鍵角色
的,乃是臺灣基督教長老教會。

二 基督宗教對臺灣主體性的追求

臺灣基督長老教會於一九七七年八月十六日依當時臺灣的國際處
境發表宣言。內容中籲請政府「使臺灣成為一個新而獨立的國家」,
是當時臺灣內部首度以團體形式公開發出臺灣獨立的呼籲:

> 本教會根據告白耶穌基督為全人類的主,且確信人權與鄉土是
> 上帝所賜,鑑於現今臺灣一千七百萬住民面臨的危機,發表本
> 宣言。……面臨中共企圖併吞臺灣之際,基於我們的信仰及聯
> 合國人權宣言,我們堅決主張:「臺灣的將來應由臺灣一千七
> 百萬住民決定。」我們向有關國家,特別向美國國民及政府,
> 並全世界教會緊急呼籲,採取最有效的步驟,支持我們的呼
> 聲。為達成臺灣人民獨立及自由的願望,我們促請政府於此國
> 際情勢危急之際,面對現實,採取有效措施,使臺灣成為一個

---

12 吳展良,〈臺灣人真正要的是什麼〉,載於網路部落格http://blog.sina.com.cn/s/blog_
9b49a3540100wbp9.html。

新而獨立的國家。我們懇求上帝，使臺灣和全世界成為「慈愛
和誠實彼此相遇，公義和平安彼此相親，誠實從地而生，公義
從天而現的地方。」（聖經詩篇八五篇十至十一節）。臺灣基督
長老教會總會議長　趙信愿（出國中）；總會副議長　翁修恭
（代行）；總會總幹事　高俊明　一九七七年八月十六日。[13]

國民黨統治當局對此認為教會與臺獨團體掛勾。除了監控教會人員
外，並對教會進行滲透、收買，在教會製造分裂。並處心積慮找機會
打擊臺灣基督長老教會的聲望。一九七九年美麗島事件發生後，時任
臺灣基督長老教會總會總幹事高俊明即被以協助施明德逃亡為由被
捕，成為臺灣史上最著名的牧師被捕事件，高俊明並於一九八〇年到
一九八四年間為此坐牢。當然根據鄭睦群的研究，〈人權宣言〉從歷
史性的角度而言，雖然不是一開始就有很強烈的臺獨意識，但確實深
刻地影響了臺灣社會追尋自身主體性的呼聲，豐富了臺灣的民主。尤
其在鄭南榕先生離世後，〈人權宣言〉中「新而獨立的國家」的詮釋
就從「自決」加值為臺獨了。[14]以上可見，在知識菁英追求臺灣主體
性的過程中，教會牧者對黨外人士的實際協助，與基督宗教思想高舉
人權價值等內容，都是很好的助力，臺灣知識分子對教會的充滿好感
與認同，在宣教上產生了良好的影響。同樣的情況，也適用在新興教
會的基督教福音宣教會。

　　臺灣社會從一九七〇年代起，搭上了全球化中的解殖思潮，前仆
後繼的學生運動與政治運動，均強調追求脫離中國的壓迫，恢復臺灣

---

13 《臺灣基督長老教會人權宣言（1977.8.16）》轉引自長老教會官網：http://www.pct.
　　org.tw/ab_doc.aspx?DocID=005。

14 詳見鄭睦群，《從大中華到臺灣國：臺灣基督長老教會的國家認同及其論述轉換》
　　（臺北：政大出版社，2017），頁215-216。

主體性，甚至追求臺灣獨立；社會上則強調個人特質的解放。學者吳乃德曾以臺灣最好的時刻來描述這段追求民主化的歷史，吳乃德回顧歷史，提到不管是葡萄牙和希臘在一九七〇年代末期領先民主化，拉丁美洲、東歐、亞洲許多國家（包括臺灣）接著在八〇和九〇年代中也陸續走上民主之路。搭上了這個一般稱為「第三波」民主化的世界性民主化浪潮。[15]這段時間最重要的「美麗島事件」催生了臺灣民主，成為臺灣歷史過去與未來的轉換器，吳乃德比較了「雷震自由中國」組黨運動，在遭受蔣介石鎮壓之後立即消散，而「美麗島事件」雖然面臨更嚴酷的壓制，民主運動卻在人民更熱烈地支持下更為壯大，終於迫使威權獨裁政府讓步做出民主妥協。直到現在，臺灣仍然是華人社會中唯一的民主國家，這是臺灣人的驕傲。讓臺灣民族（或說臺灣國族主義）邁向形成之中。也讓臺灣成為了東亞社會中最強調多元寬容的國家。

　　承繼民主化的遺產，一九八七年臺灣解嚴，由鄭明析先生於一九七八年在韓國創立的基督教福音宣教會幾乎同一年傳入臺灣。鄭明析先生自起初接觸臺灣知識菁英起，不論是對信徒、外部政治人物、社會人士，均長期肯定臺灣之國家定位，屢屢在世界各國教會中高舉臺灣教會之價值。鄭明析先生常以具有反差感的「大國」來稱呼臺灣。[16]並認定臺灣是基督教福音宣教會中最重要的三個國家，肯定臺灣的主體地位，並不斷帶領世界各國信徒為了臺灣與中國之間緊張的局勢來禱告。[17]鄭明析先生充分了解在實際上，由於受到中共的打壓，沒辦法參與許多主權國家才能參與的國際組織如聯合國，卻以「在神面

---

15 吳乃德，《臺灣最好的時刻，1977-1987：民族記憶美麗島》（臺北：春山出版社，2020），頁24-25。

16 鄭明析，《一九九五年十二月月臺灣大學證道節錄》。

17 鄭明析，《一九九五年十二月臺灣大學證道節錄》。

前已經獨立」來肯定臺灣。

臺灣政府於一九八七年七月十五日，正式宣布終止了持續三十八年五十六天的戒嚴。一九八七年十二月一日，臺灣新聞局宣布，自一九八八年一月一日起開放報禁，一九八七年十一月五日，行政院會議通過《人民團體組織法草案》，將政治團體列為人民團體之一，受該法約束。新籌組政黨有二十多個；直到一九八九年一月二十日，立法院三讀通過《動員戡亂時期人民團體法》，「各政治團體均得依法自由成立，並從事選舉自由活動」。開放民眾登記政治團體，人民可依法組黨結社、組織參加集會遊行及從事政治活動。這就是著名的黨禁與報禁的解除。然而，當時仍有所謂的刑法一百條尚未廢除，其內容中提到：

> 意圖破壞國體、竊據國土，或以非法之方法變更國憲、顛覆政府，而以強暴或脅迫著手實行者，處七年以上有期徒刑；首謀者，處無期徒刑。[18]

以上法條，直至一九九二年五月十五日才得到修正。此時的臺灣，才算是幾十年來臺灣民主運動的重要成果，讓人民有了完整的言論自由及推動人權保障的重大成就。亦即，即使在解嚴後，臺灣社會更進入了一個推動民主化，年輕世代覺醒，擺脫大中國主義，認同臺灣主體性的重要階段，甚至還有人為了能夠大膽地在公開場合表達臺灣獨立的主張，而發生的自焚事件。[19]基督教福音宣教會很神奇地，剛好在

---

18 中華民國刑法第100條。

19 一九八九年，鄭南榕因涉嫌叛亂被傳喚出庭，但他拒絕被警方拘捕。鄭南榕認為臺灣獨立的主張也是《中華民國憲法》保障人民言論自由的一部分，並表示「國民黨不能逮捕到我，只能夠抓到我的屍體。」隨後將自己關在《自由時代周刊》雜誌社

一九八七年解嚴之際傳入臺灣，趕上了民主化的最後高峰。特別是初代進入教會的知識菁英，後來成為教會主要領導成員人士當中，根本就有很多人是實際參與黨外運動的青年。

於一九八九年進入基督教福音宣教會兩位重要牧者，周炫世牧師、林輝川牧師。前者畢業於畢業於臺大法律系，曾經擔任日後第一次完成政黨輪替，首位民進黨總統陳水扁在立法委員時的助理。後者則是畢業於清華大學，同時間也擔任過第一夫人吳淑珍女士競選立法委員的助理。兩位本來都是在黨外運動中活躍的青年，一度曾以從政為救國的路徑，但後來都改以信仰的屬靈路徑來改變社會。當他們回憶認識鄭明析牧師對臺灣的看法時，都帶著高度的肯定。在他們的回憶中，鄭明析牧師從一開始就十分看重臺灣，也很重視這些青年改革社會的理想，但這些青年在聆聽了鄭明析先生所講的教理課程後，有了從「政治改革」往「心靈改造」的生涯轉向。周炫世牧師曾回顧：

> 處於戒嚴及解嚴的年代，對國家的關心，自然而然地成為學生生活的一部分。隨著改革的呼聲，法政成為顯學；而當發現私慾伴隨權力前進，「扭曲」成為必然時；深切體悟一旦變質，一切的改革終將枉然！「國會助理」是退伍後的第一份工作，適逢選舉，熱血沸騰地投入，每天伴著星月出門，踏著星月而

內，並準備汽油，彰顯抵抗意圖；是年四月七日清晨，警方向雜誌社發動攻堅行動時，不願被逮捕的鄭南榕於總編輯室點燃汽油，自焚身亡，終年四十一歲。其自焚事件立刻引起迴響，另一名類似主張者詹益樺在鄭南榕出殯期間，於介壽館（今總統府）前自焚身亡，這在一定程度上也對當年度舉辦的地方公職人員選舉有所影響。外省第二代鄭南榕引火自焚的舉動，讓他被許多臺獨主義者稱為「言論自由殉道者」、「臺灣建國烈士」或者是「臺灣獨立建國之父」等。二〇一六年十二月，鄭南榕逝世日被定為「言論自由日」，以紀念鄭南榕捨身捍衛言論自由，並希望讓民眾了解言論自由的意義與價值。

歸，一個月內，從無到有，建立二十個鄉鎮後援會；北返時，也將鐵捲門仍關著、室內僅一位躺著休息的庶務人員、偌大卻空洞的競選總部協助積極啟動經營，終獲勝選……經過縮時般的選舉活動洗禮，內心強烈的呼聲：改革的核心，在於「生命的改變！」生命若不能提升，所有的改革恐將成一己之私，再亮麗的政治明星，終將成為被改革的對象，「變質」，是改革者的毒素！「改革由革心開始」！這塊土地，需要更多懷抱基督情懷。[20]

林輝川牧師回憶當初被教會吸引時的情況：

> 吸引我的是當時在競選總部出現的黃清源先生。他是吳淑珍女士（陳水扁先生行動不便的夫人）的國會助理。總是西裝畢挺，然後進辦公室後，就先拿起掃把掃地。這個行動太感動我了。後來知道他是臺大哲學所的研究生與基督徒時，我更想要詢問一些關於人生問題的興趣。
>
> 選舉前，因為候選人仍在當選邊緣，競選總部人們壓力很大，非常擔心，黃先生就問陳（水扁）先生說，我請教會的人來為我們祈福好嗎？當然好啊。在那緊張蕭殺氣氛中，晚上教會的姐妹來跟我們工作同人見面，聊天很愉快，特別在為我們禱告時，跟選舉的氣氛很不同，有一種意外的平安！
>
> 一九九〇年三月野百合學運。學習了話語，我體會需要有足夠的義人，臺灣人才能獲得拯救。當然政治的改革，可以很大程度改變社會。但是更深刻的人性的改變，需要信仰。我從自己

---

20 《周炫世牧師訪談2019年10-11月》。

本身可以體會，即使政治目的達成了，我的個性若是沒有改變，只是外在的改變。內心的改變才是根本。因此我走上信仰路，而不是政治路。[21]

　　兩位基督教福音宣教會初期入教，至今仍在擔任重要聖職的牧者。他們均曾以臺灣獨立為自己的政治理想在追求，但在受到鄭明析先生以基督宗教思想引導之後，轉而認為改革人民的心靈，可能比從政更為重要，因此不再持續往政治的道路發展，開始以信仰的思想，繼續在信仰的世界中去發揚臺灣的價值與意義。這當然不僅僅是因為他們過去的從政背景，也是因為鄭明析牧師確實從認識臺灣人起始，就非常尊重臺灣的主體性的價值，林輝川牧師回憶到：

> 一九九一年九月，鄭牧師曾在參訪中正紀念堂時提到，神憐憫臺灣，所以國民政府由蔣介石帶領脫離中國來到臺灣，正如摩西帶領以色列人出埃及。日後李登輝總統在一九九四年四月接受日本小說家司馬遼太郎訪問時，也自比為舊約聖經中帶猶太人逃離埃及高壓統治的領袖人物──有著耶和華神祝福的領袖摩西。在一九九五年十二月，鄭牧師又說雖然中國有飛彈，但是神會保守臺灣。[22]

聖經中應許之地的故事，本就常被歷史上各個民族與神學家，用以詮釋新國家、新大陸的發現等等。鄭明析先生同樣以出埃及、進入迦南地，來比喻臺灣脫離中國，成為了華人世界中，信仰上的應許之地。於是他特別希望以身為韓國友人的身分，根據信仰的角度，多栽培臺

21　《林輝川牧師訪談2019年11-12月》。

22　《林輝川牧師訪談》。

灣的青年菁英，期待能更多協助這批放下從政理想，改以心靈改革為道路的臺灣青年。周炫世牧師回憶，當初他於一九九〇年代首次前往韓國，教會幫他安排了國會巡禮，也與韓國當時一流大學的菁英參訪交流。最後鄭明析先生在全體教友面前，直接向眾人宣達的一句話語，更深刻地烙印在他心中：「今天，臺灣的菁英也為了自己的民族，正在努力學習。[23]」透過這幾位早期進入教會又成為牧者的從政青年，鄭明析先生也與臺灣民主運動中的幾位重要人物結下了深厚的友誼，特別是日後成為達成首位政黨輪替的總統：陳水扁。

三 基督教福音宣教會對臺灣主體性的高舉與肯定

一九九九年後鄭明析先生離開了韓國，到臺灣等世界各個國家展開宣教。在此過程中，鄭明析先生特別將一場宣揚世界和平的國際足球比賽於臺北舉辦，也邀請了臺灣歷史上首度政黨輪替，剛當選為臺灣總統的陳水扁參加。[24]鄭明析先生在參觀臺灣諸多歷史過程中，肯定臺灣作為華人民主社會的典範，是華人的長子。以上不管是從人際交往上，或者從實際的言論中，都可看到鄭明析先生對臺灣知識分子追求臺灣主體性的支持與讚賞。

鄭明析先生由於受到中國的宗教迫害，於二〇〇七年五月遭到中國共產黨逮捕入獄長達十個月，而後又被遣送韓國。作為一個新興宗教領袖，當然無法在相對格外保守的韓國基督教社會中不受歧視與排擠，甚至因此在無罪證與證人翻供的情況下，仍遭受了十年的冤獄生

---

23 《周炫世牧師訪談》。

24 詳見總統府新聞稿：總統參加「第一屆和平盃亞洲足球友誼賽」開幕典禮。二〇〇一年三月三十一日，當中照片即是鄭明析牧師與陳水扁總統合照。https://www.President.gov.tw/NEWS/2813。

活。[25]然而即便在這十年無法由他本人主持教會的情況下，鄭明析先生依然以信件來肯定臺灣的價值與地位：

> 如同「屬靈的人」跟「屬肉的人」成為一組來做一般，「日本」和「臺灣」成為兩個見證人，跟主體一起推動歷史。〈日本〉和〈臺灣〉這兩個國家，其他任何國家都比不上。這兩個國家有年輕人在推動，只要再過一段時間就會達到一萬人。[26]

鄭明析先生一方面肯定了臺灣主體性，同時也肯定了臺日之間重要的友好關係，這跟一般韓國人無故或者受到刻板韓國歷史教育影響下的仇日史觀，有很大的不同，反而更多同情理解臺灣人的心境，也能掌握臺日之間當下的國際關係。由鄭明析先生派任於世界各國舉辦傳道聚會、聖靈聚會的復興講師鄭朝恩牧師，也承繼此一立場，持續在世界各國信徒面前，肯定臺灣的國家地位與教會付出：

---

25 關於鄭明析牧師所遇到的相關法律爭議，秋本彩乃有深入的研究：「鄭氏在二〇〇七年五月，因著兩位自稱受到性侵害的女子提告，而在中國被拘留。然而中國當局追查後，提出『沒有嫌疑』的結論，於是鄭氏不用接受中國的刑事裁判，在二〇〇八年二月二十日被送回韓國。對此，被告方主張『中國公安花了長達十個月追查並得出沒有嫌疑的這個結論，就是被告沒有犯罪的最大證據。』……詳見秋本彩乃，《命の道を行く：鄭明析氏の步んだ道》（東京：Parade，2019），頁122-124。或見 Massimo Introvigne: "In the case of A and B, Jung was found innocent of rape, as the court did not believe there had been violence or intimidation, but guilty of "sexual assault" in the form of unsolicited "indecent touching," and of "quasi rape" because, although not physically coerced or threatened, A and B psychologically were "in a state of inability to resist."C eventually became a main public voice for the anti-cult association Exodus. D eventually withdrew her accusations, saying she had been coached by C to lie. C was a forceful accuser at trial, and the judges believed her claim that she had been physically raped while taking a shower. The defense argued that C was a martial arts champion, and could have easily resisted a sixty-one-year-old man, but her testimony stood."

26 鄭明析，《2018年9月30日主日話語內容節錄》。

主透過鄭牧師的口說過：「臺灣是非常阿沙力的民族。」積極地來去做吧！積極地來度過信仰生活吧！你們所有人不要羨慕旁邊那個大國，你們積極來奔跑吧！……，在這個世界上你們是最棒的。

臺灣從民族的角度來看，已經從大國那邊獨立出來了，不是嗎？從那個國家脫離出來，所以有很多不公平的對待，……不過，各位，在我們世界的教會當中，三大宗主國之一耶，是三大宗主國之一三大領主之一。我們世界的教會當中，大家都認定臺灣哪！在　神的國度當中，他們都會認定臺灣，……在神的國度當中，對大家而言、對　神而言，臺灣就是主特別帶領的那個三個國家當中之一。[27]

臺灣雖然很小，但並不是小的國家。因為這民族的關係有些遺憾，但是透過信仰來解開這遺憾時，各位的夢想、盼望完全可以達成的。

全世界當中沒有一個團體是這樣珍惜臺灣，唯有神啊！天上、地上加起來，唯有主和聖三位是如此珍惜臺灣。韓國雖然是創始國，但第二大的民族就是臺灣，這也是被預定的，你們可以做得到，因為你們有特質的關係。[28]

基督教福音宣教會的韓國籍牧師，在鄭明析牧師所制定的方向下，充分同情地理解臺灣遭受中共政府在各種國際場合打壓臺灣政府的外交困境；反之，在基督教福音宣教會內部的各種國際聚會或聯合活動

---

27 鄭朝恩，《臺灣復興聚會：「跟隨時代吧」內容節錄》（2013.7.20）。

28 鄭朝恩，《臺灣巡迴內容節錄》（2016.0711）。

時，不斷肯定臺灣，高舉臺灣的國際地位。實在切合了臺灣知識分子
心目中追求主體性恢復的渴望。鄭明析先生也時常安排全世界教會以
臺灣為中心進行全球連線禮拜，並特別由臺灣教友創作全場大會的主
題歌曲「福爾摩沙、眼淚」，完全表達了臺灣歷史的遺憾與展望：

　　　　一九四九年　民國政府　始遷臺
　　　　一九七一年　臺灣逐出　聯合國
　　　　盟邦親中國　斷交疏離　接連來
　　　　他們叫我　Chinese Taipei

　　　　良善　熱情　好客　的人哪
　　　　合十　雙手　勤勞　而敬虔
　　　　時也　運也　命也
　　　　飄啊　香火升天
　　　　停吧　驟來的　巨變

　　　　真心的　祈求蒼天
　　　　許一個　平安心願
　　　　憐憫我　別無所求
　　　　讓驟變　別來擾我。[29]

這首詞曲，作為當年以臺灣為中心在世界各國教會共同禮拜連線聆聽
的主題曲，表現出基督教福音宣教會充分理解、尊重臺灣歷史文化，
理解臺灣人情感的深刻面向。展現出一個本來是「韓國」傳來的新興
宗教，短短三十年不到，不但在聖職者的管理層面早已經完全本土

---

29 張覺作詞作曲，《福爾摩沙、眼淚》（2016.0711）。

化，更在思想與教理上，融洽地與臺灣的歷史發展命運相連結。

鄭明析先生十年的冤獄生活終於在二〇一八年二月十八日結束。經歷了十年無端的牢獄之災，鄭明析先生對實際的人權問題有了更多關懷，在證道中屢次提到監獄的人權該如何去提升改進，以及如何平反各類司法審判不公：

> 我以前在中國的時候，因那些受到撒旦主管的人而承受了苦難。……那裡在供餐時間只提供半塊玉米麵包（窩窩頭）。一開始我心想：「這是我喜歡的玉米麵包。玉米對健康很好，太好了！」然而過了幾週後，就覺得很厭煩。而且那裡提供的湯，是把切好的白菜放入冰水，再放入一點大豆油來做成的，我後來拉肚子，受不了，就把大豆油洗掉之後再吃。我待在那裡時，發生了很多事情，有一件事情我還記得。那裡偶爾會提供肉湯。有一天，盛湯的大嬸為了撈肉塊給我，特別多攪拌了幾下。她想要把沉在湯桶底部的肉撈起來而攪拌，結果有幾塊肉浮上來，她立刻撈起來，盛入我的碗中。我看到這場景後向聖子禱告，說：「您的愛很極致。」於是聖子跟我說：「因為你看到了，所以我才告訴你。我攪拌了那麼多次，還是沒什麼肉。我很想要多給你一塊，卻只有小碎塊。不過我還是撈到一塊肉給你了。」我沒有忘記這句話，一直記在腦中，所以跟各位分享了。[30]

> 神要幫助「被關在監獄裡的人」……[31]

---

30 鄭明析，《2018年11月18日主日話語》。

31 鄭明析，《2018年6月12日週二清晨箴言》。

　　透過親身的冤獄經歷，鄭明析先生深刻思考了民主社會中依然存在的司法不公問題，以及中國的宗教迫害和監獄中的人權問題，因此親身帶頭呼籲基督教福音宣教會的教友們多多為了人權問題聲援，並且為了監獄的人權問題禱告。而後當韓國監獄的環境與法規改善，包括犯人臥室與廁所隔間、監獄對犯人的管理態度變好、服刑人離開監獄改為清晨四點、犯人的伙食改善。鄭明析先生不斷在禮拜中提及這是神的動工，希望教友要懂得向神獻上感謝。[32]

　　此外，如前所述，由於首次逮捕被入獄，是發生在中國，十個月在中國的牢獄生活，更因為種種刑求與逼供，讓鄭明析先生差點喪命，也更使他感受到極權專制的可怕，因此也常在禮拜中批判極權政府，強調民主才是普世價值，並且要求教會的聖職者、管理階層一定要以身作則：

> 在地球上的指導者、領導，不應該獨裁，因為　神的國度已經來到我們當中的關係，必須要跟　神一起做才可以嘛！[33]
>
> 現在跟以前不一樣耶，現在是要有人格，是民主時代、現在是自由主義時代，就是百姓們可以講話的時代，所以不可以按照自己的心意來講話，這是行不通的，這是行不通的，你這麼做的時候整個百姓都會起來耶。太驕傲的話，那麼就算他是領導人，但是百姓不喜歡他，他很驕傲的話，就是到處走的時候很驕傲樣子，這樣的話，「牧師你為什麼這樣做啊！」你們一定會這麼說的。[34]
>
> 政治人物也是一樣，按照自己的主觀來教導百姓，把自己的主

32　鄭明析，《2020年2月19日週三話語》。
33　鄭明析，《2020年3月1日主日話語內容節錄》。
34　鄭明析，《2020年3月1日主日話語內容節錄》。

> 觀帶給他們，這樣也是有問題， 神會擊打這樣的人，以前的
> 共產主義他們用自己的想法來教導百姓，然後洗腦他們，到後
> 來就滅亡了， 神讓我們體會這部分。[35]

　　反對獨裁，支持民主與基本人權等普世價值對攝理的教友而言，在鄭明析先生的影響下，也成為了實際的行動。透過對臺灣近代歷史的深刻理解，鄭明析先生鼓勵了教會內具有學生會長身分的教友，主動在二〇一六年開始，首次以臺大研究生協會的官方名義，聯合日本的民間著名導演馬場櫻（馬場さくら）[36]的劇團，[37]以「七十一日的百合花」（「七十一日的台湾白百合」）為題，連續三年舉辦了在校內紀念鄭南榕先生殉道的言論自由日紀念活動之藝文演出，向年輕世代，紀念曾經為這個土地殉道的犧牲精神。並珍惜今日民主自由得來不易。

四　結語

　　臺灣社會從一九八〇年代起，搭上了全球化中的解殖思潮，前仆後繼的學生運動與政治運動，均強調追求脫離中國的壓迫，恢復臺灣

---

35 鄭明析，《2020年3月1日主日話語內容節錄》。

36 馬場櫻畢業於青山學院大學國際政治學部。他從學生時代開始就一直站在舞臺上，二〇〇一年到東京的一家劇團擔任編劇以及導演。二〇〇四年移居大阪進行戲劇工作坊並開展校園公演活動。二〇一一年東日本大地震後，啟動櫻人企劃，以世界議題和社會情勢為主題，持續創作有歌曲、有舞蹈、有歡笑、有淚水的娛樂舞臺作品。於二〇〇九年榮獲大阪市市長獎。 「真夜中の美容室」榮獲第二十七屆S1情景大獎賽。

37 櫻人劇團連續幾年都受到臺大研究生協會的邀請來臺大演出紀念鄭南榕先生故事的舞臺劇「七十一日的臺灣百合花」詳見民視報導：「被鄭南榕感動！日導演創作舞臺劇《七十一日的臺灣白百合》紀念」（2019/04/06）：https://www.ftvnews.com.tw/news/detail/2019406P02M1。

主體性，甚至追求臺灣獨立；社會上則強調個人特質的解放，追求性別平權的思想。雖然歷經艱辛，維持了長達四十年以上的思潮至今不斷，也讓臺灣期許成為東亞社會中最強調多元寬容的國家。一九八七年臺灣解嚴，基督教福音宣教會也於同一年傳入臺灣。鄭明析先生自起初接觸臺灣知識菁英起，不論是對信徒、外部政治人物、社會人士均長期肯定臺灣之國家定位，屢屢在世界各國教會中高舉臺灣教會之價值，著實地切合了這四十年來臺灣知識菁英界的思想發展。

基督教福音宣教會作為一個宗教團體，自然是一直嚴守當代世俗化社會的政教分離慣例，也從不真正把政治活動視為人間或世界秩序問題的終極解答，而陷入其中。臺灣社會每逢大選時，鄭明析先生也從未抱持任何特定政治傾向指導教友，但教會對於臺灣主體性的肯定，則是一路走來始終如一，從未改變。

充分肯定臺灣歷史文化，並深刻同情地理解臺灣人民曾經與現代所面對過的困境與悲情，成為了鄭明析先生在信仰上帶給臺灣人民更多信仰之愛的動力。也正因為鄭明析先生對臺灣歷史的深刻地、同情地理解，讓他的話語中充滿了更多能讓臺灣知識菁英深感共鳴的內容。如同斯塔克的研究所言，新興宗教本來就常比一般傳統教派更能切合時代，鄭明析先生的話語，不僅以相對理性的聖經詮釋，化解知識菁英對宗教迷信的憂慮，更透過重視臺灣青年對臺灣主體性的追求，深度理解臺灣近代以來的歷史文化，而使得基督教福音宣教會在臺灣的宣教能夠更加順利。

參考書目

吳乃德，《臺灣最好的時刻，1977-1987：民族記憶美麗島》，臺北：春山出版社，2020。

吳濁流，《無花果》，臺北：前衛，1991。

黃俊傑，《臺灣意識與臺灣文化》，臺北：臺大出版中心，2006。

鄭睦群，《從大中華到臺灣國：臺灣基督長老教會的國家認同及其論述轉換》，臺北：政大出版社，2017。

鄭明析著；CGM 翻譯部譯，《戰爭是殘忍的：愛與和平（共四冊）》，臺北：明人出版社，2019。

〔日〕秋本彩乃，《命の道を行く：鄭明析氏の歩んだ道》（暫譯：行走生命的道路——鄭明析所走過的路程）》），東京：Parade，2019。

〔美〕羅德尼・斯塔克著；黃劍波、高民貴譯，《基督教的興起：一個社會學家對歷史的再思》，上海：上海古籍出版社，2005。

〔美〕羅德尼・斯塔克著；張希蓓譯，《社會學家筆下的基督教史》，北京：中國社會科學出版社，2019。

陳翠蓮，〈去殖民與再殖民的對抗：以一九四六年「臺人奴化」論戰為焦點〉，《臺灣史研究》第9卷第2期（2002），頁145-201。

鄭明析，《1995年12月臺灣大學證道節錄》

鄭明析，《2018年11月18日主日話語》

鄭明析，《2013年10月16日週三清晨箴言》

鄭明析，《2018年6月12日週二清晨箴言》

鄭朝恩，《臺灣復興聚會：「跟隨時代吧」內容節錄》（2013.07.20）。

鄭朝恩，《臺灣巡迴內容節錄》（2016.07.11）。

《林輝川牧師訪談2019年11-12月》

《周炫世牧師訪談2019年10-11月》

吳展良，〈臺灣人真正要的是什麼〉，下載於 http://blog.sina.com.cn/s/blog_9b49a3540100wbp9.html。

吳叡人，〈《全球化的時代》導讀：《想像的共同體》理論架構下的菲律賓經驗個案研究〉，載於關鍵評論網：https://www.thenewslens.com/article/126784，2019/11/07。

民視報導：「被鄭南榕感動！日導演創作舞台劇《七十一日的臺灣白百合》紀念」（2019/04/06）：https://www.ftvnews.com.tw/news/detail/2019406P02M1。

總統府新聞稿：總統參加「第一屆和平盃亞洲足球友誼賽」開幕典禮。2001年3月31日」：https://www.president.gov.tw/NEWS/2813。

CGM 官方網站：https://cgm.org.tw/about-us/about-cgm-taiwan。

Massimo Introvigne 之宗教百科網站上對基督教福音宣教會的介紹：https://wrldrels.org/2020/10/02/providence-christian-gospel-mission/。

張覺作詞作曲，《福爾摩沙、眼淚》（2016.07.11）。

拾　鄭明析先生冤案與新興教會司法迫害[*]

一　前言和文獻回顧

在啟蒙以降的現代性精神中，尊重宗教自由和宗教寬容是其關鍵內容之一。大史家彼得・蓋伊（Peter Gay, 1923-2015）在其成名代表作《啟蒙運動：自由之科學》就提到：「要求寬容宗教少數族群、寬容哲學異議分子和寬容性反常者，乃是啟蒙思想家關於人和社會的命題……[1]」。因而現代憲政國家至少在形式上，均於憲法中明文保障宗教自由。然在具體執行和實際情況上，二十世紀對宗教少數的迫害仍以不同形式出現，甚至藉由現代的司法體系進行之。學者就研究，新興宗教和現代的法律系統發生碰撞和互動，可以從美國一九七〇年代的「反邪教戰爭」（Cult war）追溯起，延續至今甚至還在發生當中。根據專門研究新興宗教的權威學者，義大利宗教自由大使，同時也擁有律師身分的 Massimo Introvigne 博士的研究，自一九七〇年代起，繼具有宗教色彩的「反異端運動」之後，與之類似但卻具更世俗性的「反邪教」運動應運而生。這類的世俗性運動宣稱對教條並無興趣，只看他們的具體影響，並且從一個非宗教性的角度檢視新興宗教，藉

* 本文第二作者為蔡億達律師，另外感謝政大法律系副教授林佳和博士在二〇二一年十一月十三日基督教福音宣教會學術工作坊擔任評論人時所給予的寶貴建議。

1 彼得・蓋伊（Peter Gay）著；梁永安譯，《啟蒙運動：自由之科學》（臺北：立緒文化，2019），頁474。

此採取行動拯救那些「邪教」的「受害者」。[2]於是很多新興宗教在傳統宗教排斥和一般社會大眾某種程度上受到操弄的道德恐慌下，就開始訴訟纏身，甚至其創教者和信徒均一定程度上受到迫害。[3]

Massimo Introvigne 等六位宗教學者[4]發表的白皮書指出，雖然在一九九〇年美國加州北區地方法院判決的 Fishman 案中法官總結，反邪教方所攻擊新興宗教或進行的洗腦和精神操縱「不代表有意義的科學概念」，對反邪教者造成了重大打擊，也可以說是強調宗教自由的學者方的關鍵勝利。而後「警惕邪教網絡」（Cult Awareness Network〔CAN〕，當時美國最大的反邪教運動團體）又因為對新興宗教信徒進行非法的去洗腦行動，而使得 CAN 被判支付數百萬美元損害的賠償（United States Court of Appeals for the Ninth Circuit 1998），因而破產了。使得至少在美國法庭上，對新興宗教的迫害開始減少。但是事實上，Fishman 案和相關新興宗教案件的判決並沒有完全讓洗腦和精神操縱的爭論在美國法庭上消失，且關於「邪教」進行精神操縱或洗腦活動的這種認知仍存在於美國大眾媒體當中，也在美國以外的地方

---

2 詳見Massimo Introvigne, Advocacy, brainwashing theories, and new religious movements, *Religion*, 2014. Vol. 44, No. 2, 303-319.

3 詳見Massimo Introvigne, The Elementary Forms of New Religious Life and the Laws: 'Sects', 'Cults' and the Social Construction of Moral Panics", in Maria Serafimova - Stephen Hunt - Mario Marinov, with Vladimir Vladov (Eds.), *Sociology and Law: The 150th Anniversary of Emile Durkheim (1858-1917)*, Cambridge Scholars Publishing, Newcastle upon Tyne, pp. 104-115.

4 六位學者分別是Luigi Berzano（義大利多倫多大學）、俄羅斯Boris Falikov（Russian State University for the Humanities）、Willy Fautré（比利時，Human Rights Without Frontiers）、Liudmyla Filipovich（烏克蘭Department of Religious Studies, Institute of Philosophy of the National Academy of Sciences）、Massimo Introvigne（義大利新興宗教研究中心）、Bernadette Rigal-Cellard（法國University Bordeaux-Montaigne）白皮書於2021年發布於《寒冬》雜誌。

倖存下來。[5]在缺乏保障宗教自由傳統的東亞社會更依然如此。

　　在各種新興宗教百花齊放的韓國社會，傳統宗教和大眾輿論對於新興宗教格外不友善，甚至利用新冠疫情期間採取更積極的迫害行動，這當中自然牽涉許多的訴訟案件。[6]學者早就有研究指出，二十世紀晚期，韓國國內基督教保守派力量通過向教徒和普通市民散發傳單、借力媒體、直接接觸等多種方式，大力宣揚自己保守教派的多種主張。基督教保守力量積極地向韓國的國會議員、政黨高層、政府高官等展開遊說活動，試圖說服韓國的議會、政府按照宗教右派力量的意願施政。他們也嘗試去控制輿論，擴大自己的政治、經濟影響力。[7]長期下來，保守基督教教派已經對韓國社會的輿情方向產生深遠影響，讓他們常常可以實現自己的宗教目標，當然也包括抹黑、鬥臭自己看不順眼的新興宗教團體。學者 Willy Fautré 提供了不少具體的事實和證據，聚焦在對韓國傳統教會對新天地的歧視，並分析宗教、社會政治之間的能動性，究竟是如何構成對新興宗教的騷擾。[8]但最後根據學者研究，真正在新冠疫情更遵守政府防疫規定往往是立場更站在自由派的教會或者新興宗教，傳統教派反而更站在基本教義的立場，刻意以宗教自由的名義，強調實體禮拜的重要，他們常有不遵守

5　詳見The Anti-Cult Ideology and FECRIS: Dangers for Religious Freedom. A White Paper. Six scholars look at the European Federation of Centres of Research and Information on Cults and Sects, and conclude it is dangerous for religious liberty.

6　Ciarán Burke, Abusus Non Tollit Usum? Korea's Legal Response to Coronavirus and the Shincheonji Church of Jesus, *The Journal of CESNUR*. Volume 4, Issue 5, 2020, pp 64-85.

7　郭銳，〈冷戰後韓國基督教的保守化傾向及對國家政治的影響〉，《世界宗教研究》2014年第4期（北京，2014），頁117-118。

8　Willy Fautré, COVID-19: Treatment of Clusters in Protestant Churches and the Shincheonji Church in South Korea. A Comparative Study. (*The Journal of CESNUR*, Volume 4, Issue 5 September-October 2020), pp. 86-100.

政府的防疫規定的行為出現。[9]

　　根據 Willy Fautré 的研究，我們可以明顯地觀察到，韓國政府與社會輿論在長期受到傳統基督教會的掌握下，明顯地對新興宗教教派採取了雙重標準的對待模式，刻意藉由操作疫情，圍剿各種新興宗教。甚至傳統教派根本已經把「反對異端」作為口號，藉由開設重新反洗腦新興宗教信徒之課程，成為其大規模營利的教育產業：

> 韓國基督教異端諮詢協會將於下月開設「團諮詢師專門教育院」。七月十七日，記者在教會見到了京畿道安山常綠教會主任牧師、韓國基督教團諮詢協會會長　陳勇植牧師，聽取他說明取得異端諮詢師資格的必要性。　陳牧師是從一九九五年開始對陷入異端受害者進行諮詢，並使兩千多人回心轉意的韓國教會代表性的異端諮詢師。……異端諮詢師課程將運營四學期。　陳牧師、退出前曾擔任新天地教育長的申賢旭牧師、以及曾擔任 JMS 副總裁的金敬天牧師等，將會重點教授新天地、上帝的教會救援派、安息教、耶和華見證、JMS 等教義存在的問題。不僅傳授救援論、啟示論、聖幕論，還專門傳授異端諮詢的方法。……他說：「如果他們在尋找教會時，沒有進行商談，那麼他們就會背棄自己的信仰」，「如果他們好好接

9　關於韓國各基督教教會在新冠疫情中的應對之比較研究，有韓國學者指出：「結果表明，隸屬於自由派教會的人更有可能遵循公共疾病控制指南。相比之下，在新冠疫情大流行期間不太可能參加面對面的宗教禮拜，其他教派的個人也是隸屬於這種。溫和派、保守派和原教旨主義教會的新教徒則傾向於反對公共疾病控制，更強調面對面的宗教儀式。許多新教教會強調傳統禮拜儀式的重要性，主張宗教自由的憲法權利，而其他大多數公民、宗教和非宗教人士，不同意這種針對公共安全的排他性主張。」詳見Saehwan Lee, Religion and Public Conflict in the Post-COVID Era: The Case of Protestant Churches in South Korea. *Religions* 2021, 12(10), pp.1-18.

受的諮詢師教育，百分之九十以上的商談都能成功」。教育將
在大田東區大田神學校（每週一）和安山常綠教會（每週二）
進行。截止到下月八日，學費為每學期四十五萬韓元（超過一
萬新臺幣）。[10]

　　臺灣當然也有不少宗教斂財或者吸金的情況，但像韓國這樣把某
些宗教的離開成員刻意集結起來，成立這種反異端組織，專業化、企
業化營運刻意攻擊某些宗教的行動和言論，作為營利事業來大規模經
營，這讓身處臺灣不同文化脈絡的我們看來是非常驚訝的。

　　然而，就如釋昭慧所指出，宗教自由的自然權利，並非來自國家
的建立或給予，但所有國家都應對它予以保護。有的國家即便有所謂
「國教」，政府依然必須保護人民信仰其他宗教的信仰自由，以及人
民不信仰國教的自由。因此民主國家的憲法，必然包含了保護宗教自
由的內容。[11]就如李瑞全所言，宗教自由對現代國家如同言論自由一
般同等重要，一切宗教都得到同樣的保障，不受他者，包括公共權力
或個別的團體或個人的干涉或侵犯。[12]但具體執行上，卻仍然缺乏實
際立法和制度來給予規範和保障，可能還處在憲法條文中上的理論層
次而已，也常有對新興宗教格外不利的情況。[13]

　　本文將嘗試以法律和宗教的交互研究，檢討基督教福音宣教會創

---

10 暫譯於韓國網路新聞報導，「전국에 이단 피해자 200만여명……그들 회심시키려면
　　상담사 필요」：http://m.kmib.co.kr/view.asp?arcid=0924178938。

11 釋昭慧，〈論自然權利與法定權利概念下的「宗教自由」〉，《思與言：人文與社會科
　　學期刊》50卷1期（臺北，2012），頁249。

12 李瑞全，〈論宗教容忍與言論自由〉，《玄奘佛學研究》24期（臺北，2015），頁22。

13 林端、張家麟，〈國家管制、宗教自由與宗教立法〉，《弘誓雙月刊》103期（臺北，
　　2010），頁39-41。

辦者鄭明析先生的十年有期徒刑判決。[14]鄭明析所創的教會就是網路上被視為基督新教的異端教會的「攝理教會」或「攝理教」（這是相對比較污名化的稱法）。一九七八年由鄭明析在韓國創立，約一九八七至一九八八年之間傳來臺灣。一九九三年十一月向內政部申請成立中華基督教新時代青年會（CCYA）。於二〇一三年八月在臺灣成立CGM 分會。目前，全臺人數超過四千名，全臺共成立近三十個教會及福音站（經過組織調整後，臺灣教會的總數，最新數字應該是十九個教會。總人數則已經接近五千人。）。[15]往昔攝理教會面對外部的形象，很容易被媒體或輿論塑造成單一中心，甚至對個人偶像崇拜的印象，這也是外界批判攝理教會是所謂的「攝理教」，並且稱鄭明析為教主的原因。由此帶來的諸多爭議中，也使鄭明析過去十年曾經因為疑似性侵爭議的事件而被判入獄十年。

　　不過這個判決的內容在部分學者研究看來，確實是充滿爭議的，攝理教會本身也認為這是一個嚴重的冤案。因為連沒有宗教自由的中國政府都在長達十個月的調查後，以「沒有證據」讓鄭明析無罪釋放。相關的法律爭議，日本的秋本彩乃就指出：

---

14 判決案號為《서울고등법원 2008노2199》、《서울중앙지방법원 2008고합225》、《대법원 2009도2001》。

15 教會介紹資訊，透過訪談與參考CGM官方網站：https://cgm.org.tw/about-us/about-cgm-taiwan。另外也參考宗教社會學者〔義〕Massimo Introvigne（1955-）在他的宗教百科網站上對攝理教會的介紹：https://wrldrels.org/2020/10/02/providence-christian-gospel-mission/。Massimo在2019年多次造訪韓國與臺灣的攝理教會，可以說是西方學者對攝理教會最新的研究（最古老的應該是法國學者Nathalie Luca在一九九八年的出版品，現在看來資料均稍嫌老舊。）。Massimo對攝理教會的介紹中，有不少臺灣教會相關的內容，值得本文參考。另外日本秋本彩乃的《命の道を行く：鄭明析氏の步んだ道》（東京：Parade，2019）也對鄭明析牧師的生平有比較完整跟客觀的介紹。

鄭氏在二〇〇七年五月，因著兩位自稱受到性侵害的女子提告，而在中國被拘留。然而中國當局追查後，提出「沒有嫌疑」的結論，於是鄭氏不用接受中國的刑事裁判，在二〇〇八年二月二十日被送回韓國。對此，鄭明析方主張「中國公安花了長達十個月追查並得出沒有嫌疑的這個結論，就是鄭明析沒有犯罪的最大證據。」鄭明析方從醫院取得指出被害人身上沒有被侵犯痕跡的診斷書，這能作為中國公安當局判斷指控非事實的證據。至於被採用為證據的兩本日本週刊，鄭明析方則指責他們只刊載反對宣教會團體的主張，並對內容提出疑問也強烈反駁：「怎麼能夠只把猥褻照和輿論為中心的寫真週刊雜誌當作證據來審查呢？」經過中國公安在現場的分析調查，而得出「沒有嫌疑」的這個結論是十分有說服力的。……兩位韓國女性證人提出的證言是，在二〇〇六年四月三日於中國鞍山市受到性侵。但是，在那天的兩日後，其中一位女性證人在鞍山市中央病院檢查後的結果卻是「並無被性侵的跡象」。當時擔任女性的口譯的公安負責人也在事後對前來取材的媒體表示，「醫師確實是說沒有任何異常」。這位女性證人又在三日後，也就是四月八日，去到韓國的警察醫院並要求檢查，得出「處女膜完全無損傷」的結果。然而再過兩天後，也就是四月十日再次做檢查時，卻得出「處女膜有輕微的受傷」的檢查結果。話雖如此，負責檢查的醫師在法庭上表示「這是一般騎腳踏車也會發生的傷」。並沒有拍攝受傷部位的照片。然而，兩位女性證人在十八日召開記者會，對記者們主張，自己在被性侵後，甚至連走路都很困難，受到非常嚴重的傷。然而鄭氏的律師調來事發當天的監視器來確認，發現在兩位女性證人主張受到性侵的時刻之後，兩人不僅臉上帶著微笑，也能像平常一樣

走路。這兩位女性證人的其中一人，在案件審理期間偕同母親到法院說了以下的話，想撤銷告訴：「事實上我並沒有遭受性方面的暴行，另一個女生也沒有，是在告發者的指使下說謊提告的，到目前為止所做的都是偽證。」[16]

另外直接親身田野調查攝理教會、也親身訪談鄭明析兩次以上的 Massimo Introvigne 也指出：

關於性侵案的指控存在著三種彼此衝突的說法。……在 A 和 B 的案件中，針對強制性交罪部分，鄭總裁被判定無罪，法院並不認為鄭總裁有任何暴力或恐嚇的行為，但是卻判定鄭總裁有未經同意形式的猥褻行為，構成準強制猥褻罪，因為 A 和 B 雖然沒有被脅迫或恐嚇，但她們在心理上是「處於無法反抗的狀態」。……在 A 和 B 的案件中，針對強制性交罪部分，鄭總裁被判定無罪，法院並不認為鄭總裁有任何暴力或恐嚇的行為，但是卻判定鄭總裁有未經同意形式的猥褻行為，構成準強制猥褻罪，因為 A 和 B 雖然沒有被脅迫或恐嚇，但她們在心理上是「處於無法反抗的狀態」。C 最終成為反邪教組織 Exodus 的主要公眾代言人。D 最終撤回了她的指控，因為她說其實是 C 教唆她說謊。C 在審判中是一個強有力的指控者，而且法官也相信她證稱她在洗澡時被鄭總裁以暴力壓制並強姦。辯方辯稱，C 明明是個武術冠軍（一八〇公分以上的跆拳道冠軍），可以輕鬆抵抗一個當時已經六十一歲的老先生（鄭總裁），但

---

16 〔日〕秋本彩乃，《命の道を行く：鄭明析氏の步んだ道》（東京：Parade，2019），頁122-124。

她的證詞卻仍然成立。[17]

相關研究表明此案確實有其爭議層面，然而韓國司法體系卻似乎是因為受到一些有心人士與傳統基督教會操作社會輿論下，[18]以「利用權勢性侵」為由，對鄭明析做出了有罪宣判：

> 二〇〇九年二月，歷時將近一年，由高等法院下達宣判終結本案。「鄭明析人請往前。」法官對被催促而站上證言臺的鄭氏，以沙啞的聲音說：「鄭明析人處十年徒刑。」法官繼續宣讀判決理由：「對於被指控之事項，並沒有物質上的證據」、「惟被害女性之證言以及日本週刊雜誌的報導足以採信」、「鄭氏身為宗教領袖，在對待被害之女信徒上具有優勢地位」、「根據以上理由，認定鄭氏確有以暴力對待女性之事實存在。」在物證缺乏的情況下，法官卻認為檢察官提出的證據及被害女性的證言是更值得採信的。「有沒有證據不是重點。鄭明析人是異端宗教的首領，對於女性徒而言，確實很難違抗其要求。」法官當時如此陳述了：「如果是一般上班族的話，就會判無罪了呢。」[19]

由於教會的創立者鄭明析先生被判有罪且實際入獄十年，教會信徒在充滿爭議與危機的十年中，處境可謂十分艱難，但有趣的是這段時

---

17 詳見Massimo Introvigne宗教百科研究網站之攝理教會研究：https://wrldrels.org/2020/10/02/providence-christian-gospel-mission/。

18 關於鄭明析牧師的法律爭議，因為過去一般大眾媒體相對而言都是提供對鄭明析牧師不利的相關論述，因此本文在此特別也呈現出比較多攝理教會方面的說法，以供正反參照。

19 詳見秋本彩乃，《命の道を行く：鄭明析氏の步んだ道》，頁125-126。

間，根據 Massimo Introvigne 的研究，教會的教勢反而頗有成長。[20]

此外，從法律面向來看，和此相關具有爭議的案件中，證人指證問題相關的探討也十分重要。首先從刑事冤案的角度而言，專門研究冤案的日本學者森鵬指出「所謂的司法審判結果並不能一定代表所謂的『真實』，而可能只是反映社會的某種應對事件的結果」。[21]另外冤罪也是權力關係的展現，職業法官也不是什麼真正客觀中立的存在，而是一個帶有治安維持的權力性存在。[22]李茂生也曾強調在審判中「實體真實是不可能發現的，也無法逼近」，審判也有其「任意性基礎」。[23]這些都提醒著我們重新思考鄭明析案的可能性，因為鄭明析案的社會脈絡，正在於一個傳統教會掌握高度優勢，對新興宗教極度不利的韓國社會文化輿論中發生，其實也就暗示了司法審判很有可能受到社會文化的左右，而不是所謂的絕對的真實。

王兆鵬引用心理學、社會學的論述，指出證人誠實性指證錯誤的原因，包括人類觀察、記憶瑕疵的問題。再引用統計數字，證明證人指證錯誤的可怕危險。[24]美國冤案登錄中心針對冤案的原因做出統計，第一名為偽證及不實自白，這在冤案中占了百分之五十七的成因，第二名是執法人員失職，占了百分之五十二，接著是鑑定技術的錯誤，比率占百分之二十九。[25]即使證人誠實指認，也有指認錯誤的

---

20 Massimo Introvigne: "Remarkably, during the ten years when Jung was in jail, Providence continued to grow, much to the astonishment of its critics. He continued to lead the movement from jail." 轉引於網站：https://wrldrels.org/2020/10/02/providence-christian-gospel-mission/。

21 森炎著；謝煜偉、洪維德、劉家丞譯，《冤罪論》（臺北：商周出版，2015），頁24。

22 森炎，《冤罪論》，頁180。

23 李茂生，〈自白與事實認定的結構〉，《臺大法學論叢》25卷3期（臺北，1996），頁24。

24 王兆鵬，〈證人指證之瑕疵及防制－美國法制之借鏡〉，《臺大法學論叢》28卷2期（臺北，1999），頁229-250。

25 王怡蓁，〈【掀廢死聲浪】冤案救不完！美「無辜計畫」27年平反逾300件〉，《上報》：2019年03月29日：https://www.upmedia.mg/news_info.php?SerialNo=60229。

問題，況乎有刻意說謊栽贓的偽證指認問題？大陸學者也曾翻譯美國「二〇一八全美冤案平反報告」，發現自一九八九年至二〇一八年底，全美已獲平反冤案為二三七二起。二〇一八年，美國平反了一五一起冤案。二〇一八年平反冤案中至少有一〇七件涉及政府人員的不當行為問題，創歷史新高。另外，有一一一起冤案是由於證人作偽證誣告引起的，有十九起案件是因為證人虛假供述引起的，有三十一起冤案是因為證人指認錯誤導致的。[26]而過往學者檢討冤案的類型中，性侵冤案也是重要的面向。因而近年臺灣冤獄平反協會特別推動翻譯了《認錯：性侵受害人與被冤者的告白》一書，臺灣這邊也有陳昭如的著作《無罪的罪人：迷霧中的校園女童性侵案》，兩本書都進行了相關研討，作為性別平權、性平意識聲勢高漲年代的一點司法上的反省和警惕。[27]書中引述被冤者自己審判前恐懼和哀求的禱詞，十分令人動容：

> 那天晚上我在牢房裡，我讀著聖經的「詩篇27：12求你不要把我交給敵人，遂其所願，因為妄作見證的和口吐凶言的起來攻擊我。」我只是一直想著，當我終於有機會藉著新的審判離開這裡時，那些警察卻讓這個女人改變了說詞。上帝啊，為什麼？我只能問天。為什麼是我？[28]

張婉昀在撰寫《認錯：性侵受害人與被冤者的告白》一書書評的內容時就注意到，性侵冤案的數量，比人們想像的更多，這和性侵犯罪的

---

26 劉世權；楊菲，〈二〇一八全美冤案平反報告〉，《人民司法》2020年19期，頁83。
27 珍妮佛・湯姆森（Jennifer Thompson）、羅納德・卡頓（Ronald Cotton）等著；蔡惟方、蔡惟安譯，《認錯：性侵受害人與被冤者的告白》（臺北：游擊文化，2019）；陳昭如，《無罪的罪人：迷霧中的校園女童性侵案》（臺北：春山出版，2019）。
28 珍妮佛・湯姆森等，《認錯：性侵受害人與被冤者的告白》，頁147。

特殊性質有關。性侵通常發生在隱密之處，少有當事人之外的其他目擊者，在無 DNA 證據的情況下，僅剩被害人陳述，或是容易以訛傳訛的傳聞證據。再加上「性」向來是人們羞於啟齒的主題，性侵案相關人士深陷羞恥漩渦，更想快點揪出加害者、結束這一切。承辦者若不夠冷靜謹慎，容易不自覺出現誘導、暗示。本該小心翼翼地調查，卻在眾人怒火與壓力中，成了先射箭再畫靶的悲劇。最強烈的正義信念，卻促成了最荒謬的審判。[29]吳景欽也指出，學者已經開始質疑「性侵害案件中以被害人供述為唯一證據的正當性」是有問題的，有可能造成比一般案件更高的誤判率。[30]鄭明析案的審判過程很明顯也有上述類似的情形，只是情況更加嚴重而已。韓國法院在科學證據與證人證詞互相矛盾[31]的情況下，僅以「單一被害人詳盡且一致的證詞」為唯一證據，做出十年有期徒刑的判決。

本文接下來將嘗試以我國、美國及日本司法實務為基礎，探討鄭明析案中韓國法院用法——單一被害人詳盡且一致的證詞是否足以使法院達到有罪心證門檻——以及認事——該案證人的證詞是否真的一致且無矛盾的問題。為了聚焦，本文假設該證人不存在任何記憶偏誤的可能性，僅檢視證詞與客觀證據的矛盾，藉此突顯該案判決的爭議所在。

---

29 張婉昀，〈《認錯：性侵受害人與被冤者的告白》書評〉，《報導者》2019/9/7：https://www.twreporter.org/a/bookreview-picking-cotton-our-memoir-of-injustice-and-redemption

30 吳景欽，〈性侵害案件中以被害人供述為唯一證據的正當性探討〉，《軍法專刊》第56卷第2期（臺北，2010），頁87-104。

31 關於缺乏科學鑑定證據很有可能造成冤案的相關研究詳見李承龍，〈DNA鑑定科技與發現真相、避免冤獄和人權保障之關連性研究〉，《犯罪防治研究專刊》6期（臺北，2015），頁3-18。

二　本文據以判斷的法律標準及其依據

（一）性侵害案件的有罪心證門檻

　　刑事被告受無罪推定原則之保護，此為舉世公認之刑事訴訟基本原則。我國刑事訴訟法第一五四條「犯罪事實應依證據認定之，無證據不得認定犯罪事實。」及同法第一五五條「證據之證明力，由法院本於確信自由判斷。但不得違背經驗法則及論理法則。」即為無罪推定原則之實踐。司法院釋字第五八二號許玉秀大法官的協同意見書復指出，無罪推定原則乃依據法治國原則而生，具有憲法地位，其內涵有二，一為罪疑有利被告原則：證明被告有罪前，推定被告為無辜；二為嚴格證據法則：證明被告有罪之證據，必須使法官產生無合理懷疑之確信。

　　關鍵的問題在於，「無合理懷疑」為不確定的法律概念，若量化為具體的心證門檻，究竟是百分之幾的有罪確信？最高法院一〇一年度臺上字第二九六六號刑事判決認為，應達到百分之百的有罪確信。[32] 根據美國聯邦司法中心給刑事案件陪審團的指示，[33]「無合理懷疑」不需要達到百分之百確信，因為這世界上幾乎沒什麼事是我們可以百分之百確信的。但是陪審團若真心認為被告有任何無罪的可能，則應將這個利益歸予被告。美國前最高法院大法官 Ruth Bader Ginsburg（1933-2020）進一步指出，根據上開指示，無合理懷疑的這個程度需介於「優勢的證據」與「絕對的確信」之間。[34]

32　《最高法院101年度臺上字第2966號刑事判決》：「公訴檢察官在公判庭上，則應接棒，負責說服法院達致『毫無合理懷疑』之程度（百分之百），使形成被告確實有罪之心證。」

33　Sixth Circuit Committee, Pattern Criminal Jury Instructions 1.03 (2021).

34　Justice Ginsburg, Victor v. Nebraksa (92-8894), 511 U.S. 1 (1994).

（二）性侵害案件的證據方法

1 補強證據的要求

既然無罪推定原則是基於憲法而生，則性侵害案件的有罪心證門檻必然不能低於此原則。然而性行為具有私密性與隱密性，若沒有被害人以外的目擊者，又無其他物證，單一被害人詳盡且一致的證詞是否足以使法院達成「無合理懷疑」的門檻？

英美法系的普通法（common law）並無任何規則要求法官在性侵害案件中，必須有其他證據補強被害人的證詞，才能判被告有罪。但早在十七世紀，英國首席大法官（Lord Chief Justice）Matthew Hale 在其著作《History of Pleas of the Crown》中即點出一言定罪的危險性：「性犯罪是最可恨的犯罪，應該處以最嚴厲的刑罰。但我們必須謹記，對被害人來說，要提起控訴很容易，但要舉證很難，對被告而言更是如此，就算他是無辜的，要自證其無辜也極其困難。」[35]如今，美國有許多州透過判例或立法，將補強證據的要求列入定罪門檻。[36]在加州，雖然法律或判例未將補強證據列為性侵害案件的定罪門檻，但缺乏補強證據的告訴會直接被檢方認定為「未達起訴的心證門檻」。[37]由此可知，美國各州在這個問題上採取一致的立場：單一被害人的證詞必須無自我矛盾；除此之外，還必須有補強證據，並且該證據能與被害人的證詞互相勾稽，方足使陪審團達到有罪心證的門檻。

日本司法實務則依被害人供述的具體與詳細程度、其供述的自然

---

35 Matthew Hale, History of the Pleas of the Crown, 633 (1680). 轉引自 Irving Younger, The Requirement of Corroboration in Prosecutions for Sex Offenses in New York, *Fordham Law Review*, 264 (1971).

36 Irving Younger, supra note 35, at 265.

37 Spohn Cassia, Untested Sexual Assault Kits: A National Dilemma, 15 *Criminology & Public Policy*, 552(2016).

性與合理性、被害人在陳述過程中流露的主觀感受、情緒與對於被害的確信等等要件判斷被害人證詞的可信度。[38]除此之外，日本司法實務上也逐漸要求單一被害人的供述不能成為有罪判決的唯一證據，必須有所補強。[39]

我國最高法院則明示，單一被害人的證詞不得作為有罪判決的唯一依據。被害人與一般證人不同，其與被告處於絕對相反的立場，其供述的證明力較一般證人薄弱。因此，被害人的供述除本身必須無瑕疵可指外，必須有其他補強證據以擔保其指證的可信性。縱使被害人之陳述無瑕疵可指，仍不得作為有罪判決之唯一依據。[40]

綜上所述，各國司法實務普遍承認，被害人的證言不得作為有罪判決的唯一證據，該證言除了自身必須清晰無矛盾外，還必須能與客觀證據互相勾稽，方足使審判者達到無合理懷疑的心證門檻。

2　補強證據的適格與分類

我國最高法院明示，檢察官必須提出積極證據足以證明被告之犯罪行為，否則不能為有罪之認定，法院不得徒以被告所辯不能成立，或被告所提出之證據不足以自證清白，而為不利被告之判決。[41]美國司法實務亦認為，所謂的補強證據必須「能積極證明犯罪的構成要件」。因此，與犯罪構成要件無關者，例如被告有機會及能力犯下該罪行、被告的答辯不具說服力等，皆非適格的補強證據。[42]

38　秋山賢三、荒木伸怡、庭山英雄、生駒巖，《痴漢冤罪の辯護》（東京：現代人文社，2004），頁7。轉引自吳景欽，前揭註30，頁96。

39　吳景欽，前揭註30，頁98。

40　《最高法院一○三年度臺上字第一九七六號刑事判決》、《最高法院一○四年度臺上字第三一七八號刑事判決》。

41　《最高法院一○七年度臺上字第三九一○號刑事判決》。

42　Irving Younger, supra note 35, at 268.

　　法務部於出版之《性侵害案件無罪原因分析之研究──以強制性交案件為中心》一文將我國性侵害案件相關判決的補強證據（定罪因子）整理並表列如下：[43]

A. 被害人與被告事發前之平日互動關係

B. 以事發前之情境或被害人個人特質推測事發當時被害人的意願

C. 事發當時有無積極呼救、抗拒或逃跑

D. 被害人有無在第一時間將事情予以揭露、報警或驗傷

E. 被害人事後的情緒反應或是否出現創傷壓力症候群

F. 被害人事後與被告的互動關係

G. 以被害人與被告之身型大小比例或肢體有無外傷顯示遭受強制力

H. DNA 鑑定或精液採樣是否顯示有性交行為

I. 被害人有無處女膜破裂或性器受傷，是否足以證明有性交行為

J. 被害人、證人之證述前後或相互是否有不一致或矛盾

K. 被害人之證述是否因其智力、精神或年齡認為有瑕疵

L. 除被害人證述外，是否有其他事證足以補強

M. 被害人對被告有無誣陷之動機（被害人證述的可信性憑證）

N. 被告供述是否有不一致或矛盾

O. 證人證言轉述自被害人，是否具補強證據之適格

P. 測謊結果是否足以可信

Q. 以被告事後行徑推測其對合意之認知

R. 其他

S. 以教育程度、日常或在校表現判定有無性自主的決斷能力

---

43 臺灣科技法學會，《性侵害案件無罪原因分析之研究──以強制性交案件為中心研究成果》（臺北：法務部，2017），頁43。

T. 以事發前及當下被害人之身體平衡、飲酒或用藥量、表達能力、記憶清晰度判定其是否有性自主之決斷能力

U. 以被害人在審判中的談吐及表現判定有無性自主的決斷能力

V. 被告坦承不諱，核與證人證述或其他事證相符

W. 法院是否認為鑑定報告或社工評估足以顯示被害人缺乏性自主之決斷能力

　　依我國刑法第二二五條第一項（同韓國刑法第二九九條，即鄭明析被據以論罪之法條）「對於男女利用其精神、身體障礙、心智缺陷或其他相類之情形，不能或不知抗拒而為性交者」起訴而判決無罪的案件中，無罪原因排名第一者為「被害人供述前後矛盾」，占所有無罪案件的比例為百分之十二點五。第二名為「缺乏其他補強證據」，占比百分之九點三。第三名則為「被害人有無在第一時間將事情予以揭露、報警或驗傷」，占百分比之七點五。[44]不論是我國刑法二二一條、二二二條或二二五條，「被害人供述前後矛盾」都是無罪因子的第一名。[45]

　　我國最高法院認為，該不一致必須出現在案件的核心事實，才能據以質疑被害人供述的可信性。人類的記憶力畢竟有限，證人不可能精準回想所有細節，即使證人在某些次要的事實上證述有出入，依然不能據此認定該陳述虛偽不實。[46]美國德州最高法院在 GCSF Ry.

---

44 臺灣科技法學會，前揭註43，頁56。

45 臺灣科技法學會，前揭註43，頁49、51、56。

46 《最高法院一〇五年度臺上字第三一二三號刑事判決》：「B女於第一審證稱：A女告訴伊事發地點係在巷子內，及上訴人折返露天停車場後將書包交還A女就駕車離開，A女並未上車等情節，與A女陳稱：事發地點係在露天停車場，及上訴人折返後A女有上車由上訴人搭載離開等詞，固未盡一致，惟上訴人既承認與A女在露天停車場約會及折返後有搭載A女離開等情節，僅係就事發經過情節之敘述簡詳有

Co.v. Matthews case 以正面表述的方式傳達此原則，即：若欲以間接證據攻擊證人的可信性，該證據必須與本案高度相關（This evidence is directed at the very facts in issue in the case and not to the proof of irrelevant facts.）。[47]本文亦贊同此原則，人不是機器，要證人詳細無誤地回憶所有細節是不合理的要求。在證人為被害人的情況下更是如此，被害人在受害當下承受巨大的壓力與驚嚇，更不可能注意到身旁的所有細節。但若是證人在案件的核心事實上有互相矛盾的陳述，其證言則應受到不利的評價。

　　「被害人有無在第一時間將事情予以揭露、報警或驗傷」雖也是主要的無罪因子，但在判斷上不可不慎。我國最高法院認為，所謂的「理想被害人」只是一個迷思。[48]每個人處理創傷的反應皆有不同，即使被害人未聲張、無反抗、事後無創傷反應，亦不能據此做為被告無罪之證據。

　　醫學鑑定報告是最為直覺的補強證據，但在各犯罪類型的無罪因

別，或稍欠精確，上開不符情節不具重要性，不能遽認A女所為不利於上訴人之陳述，即為虛偽不實，不能採信」、《最高法院一○五年臺上字第一七六號刑事判決》：「證人乙女於警詢及原審更審前就其究在案發日晚上八時十分或八時二十分至安親班接甲女、當時究僅其單獨抑與胞姐同往安親班、於其到達安親班時甲女究正從二樓下來或已與上訴人同坐在大門口階梯等候、其平常有無為甲女準備鉛筆等文具、案發後有無在甲女之右大腿抹藥等情節之證述，雖前後不一，但此或係其陳述內容詳簡不同，或因事發經過時日已久，記憶不清所致，然其就甲女於案發當晚洗澡時，一直抓下體，並表示遭安親班老師以手指伸入下體，感覺下體會痛等基本事實之陳述，則始終一致，而與真實性無礙。」

47 93 S.W. 1068, 100 Tex. 63.

48 《最高法院一○七年度臺上字第八八七號判決》：「妨害性自主罪之被害人，殊無可能有典型之事後情緒反應及標準之回應流程，被害人與加害者間之關係、當時所處之情境、被害人之個性、被害人被性侵害之感受及被他人知悉性侵害情事後之處境等因素，均會影響被害人遭性侵害後之反應，所謂理想的被害人形象，僅存在於父權體制之想像中。」

子中，「被害人有無處女膜破裂或性器受傷」占無罪因子的比例皆只有百分之五。[49]究其原因，乃因目前的醫學科技難以透過陰道的傷勢反推傷勢的成因。在科學上，摩擦椅子邊緣、騎腳踏車、乘坐摩托車等行為皆有可能造成類似性侵的陰部傷害。[50]目前的醫學科技也無法斷定性交後處女膜就必定會有撕裂傷。在我國實務上，亦不乏最高法院與高等法院對於性交後處女膜是否能完整如初見解不一，屢次發回更審的情形。[51]然而若被害人證稱其陰道因性侵而遭受嚴重的撕裂傷，驗傷報告卻呈現完全相反的結果，這就構成被害人的證詞與客觀證據矛盾，驗傷報告反而會成為被告無罪的證據。

三　鄭明析案的事實經過與定罪因子之分析

韓國刑法將性侵害罪刑區分為「強制性交」與「準強制性交」。強制性交罪（韓國刑法第二九七條）[52]以「暴力、脅迫、恐嚇而為性交」為要件；若是「趁人不能或不知抗拒而為性交」，則構成準強制性交罪（韓國刑法第二九九條）[53]，依韓國刑法第二九七條處罰之。

---

49 臺灣科技法學會，前揭註43，頁49、頁51、頁56。

50 Cathy Lincoln, Genital Injury: Is it Significant? A Review of the Literature, 41 MED. SCI. & L. 206, 207-8 (2001)，轉引自張至柔，《性侵害常見有罪認定證據構造之檢討（以被害人指述、驗傷診斷書及PTSD為中心）》，臺灣大學科技整合法科技整合法律研究所碩士論文，2018年7月，頁80。

51 最高法院一〇〇年度臺上字第五九一九號、臺灣高等法院一〇〇年度重侵上更（三）字第一〇號等相關刑事判決。

52 대한민국 형법 제297조（강간）폭행 또는 협박으로 사람을 강간한 자는 3년 이상의 유기징역에 처한다.

53 대한민국 형법 제299조（준강간, 준강제추행）사람의 심신상실 또는 항거불능의 상태를 이용하여 간음 또는 추행을 한 자는 제297조, 제297조의2 및 제298조의 예에 의한다.

根據韓國最高法院的見解，此處的「不能或不知」包含生理上以及心理上的不能。[54]若以宗教力量洗腦被害人，使被害人在心理上不能抗拒而為性交者，構成韓國刑法第二九九條之準強制性交罪。在此案中，鄭明析被韓國首爾中央地方法院、韓國首爾高等法院及韓國大法院認定以宗教力量洗腦被害人，使被害人在心理上不能抗拒而為性交，觸犯韓國刑法第二九九條之準強制性交罪。以下將略述該案經過與證人證詞，並以前揭定罪因子及有罪心證門檻分析之。

（一）證人控訴內容

本案定罪的關鍵證據是證人──韓國女性金小姐──對於犯罪過程的詳細證言。本案原本有兩個證人，張小姐與金小姐。她們一開始在首爾地方法院共同指證鄭明析性侵她們，其證詞如下（以下整段內容涉及性侵過程的細節描述轉引於 J P Dawson 的「Alleged Victim Confesses to framing President Jung and being coached by Anti-JMS organization」，[55]不一一注出。）

　1　在二〇〇六年三月二十九日，張小姐、金小姐與其他基督教福音宣教會（即攝理教會）的成員為了進行跆拳道表演，一同前往位於中國遼寧省鞍山市，當時鄭明析也住在鞍山市。

　2　張小姐證稱，在二〇〇六年四月二日凌晨四點，鄭明析將她與其他兩名跆拳道隊的韓國女性（不包含金小姐）帶到鄭明析的住所中，位於地下室的浴室，並輪流性侵她們。完事後鄭明析將水龍頭打開，將淋浴軟管（蓮蓬頭部分被拆除）塞入張小姐的陰部反覆戳弄，造成張小姐的內陰流血及創傷壓力症候群等心理創傷。

54　대법원 2000. 5. 26. 선고 98도3257 판결; 대법원 2009. 4. 23. 선고 2009도2001 판결
55　詳見https://providencetrial.com/category/blog-posts/addressing-controversies/。

3　金小姐證稱，在二〇〇六年四月三日凌晨四點至六點，鄭明析將她帶到位於住所的地下室浴室，脫光她的衣服，將熱水打開，將淋浴軟管及手指塞入她的陰道。接著鄭明析以肥皂潤滑自己的陰莖後性侵她，導致她的處女膜破裂、內陰流血，並且她的腹部積水，甚至無法行走。

4　二〇〇六年四月三日上午，金小姐告訴張小姐事情的經過，兩人決定一起逃離那個地方。她們搭計程車到機場，當時金小姐打給她的母親並告訴她說：「我被性侵了，請救救我！」隨後，被害人向中國公安報案舉發鄭明析的惡行。二〇〇六年四月八日，金小姐與張小姐返回韓國並於警察醫院[56]執行驗傷。

（二）張小姐翻供後的證詞

在二〇〇八年六月十日，事情有出人意料的轉折。張小姐再次出庭作證，但這次她證稱：[57]

1　她沒有被性侵，她對中國公安、醫院與法院說謊。

2　她是被金小姐慫恿而誣告鄭明析的。金小姐不但教她如何編造證詞，亦多次對她坦承，金小姐自己其實也沒有被性侵。

3　金斗煥（反鄭明析組織「Exodus」的負責人）和金小姐曾將她帶到只有一間房間的小公寓中，教導她如何說謊，如何在媒體記者及調查人員面前假扮成受害者，並限制她的人身自由，也禁止她與外界聯繫。金小姐腹部突出的照片也是在那裡由她拍攝的，金小姐在飯後請她選擇一個好的角度拍出那張照片，藉此偽造鄭明析將淋浴軟管塞入她的陰道沖水的證據。Exodus 的人也告訴她，在收到被告的賠

56　警察醫院（경찰병원, National Police Hospital）為韓國警察廳（경찰청）之附屬醫院。
57　摘譯自《서울중앙지방법원_2008고합225案》，2008年6月10日庭審筆錄。

償金之後，會給她一大筆錢。

　　4　因為她受到金小姐的慈惠，因此對被告做出不實控訴，她感到很抱歉，並願受偽證罪懲罰。

　　因為張小姐承認自己作偽證以及誣告鄭明析，檢察官撤回張小姐關於鄭明析的一切指控。

（三）金小姐的證詞及法院調查結果

　　自張小姐翻供後，本案剩下金小姐一個證人。法院對於金小姐證詞的認定如下。

1　金小姐的陰道沒有受傷

　　根據警察醫院的診療記錄，在二○○六年四月八日下午二時，即金小姐遭受性侵的五天後，醫院檢查金小姐的子宮，發現她的子宮、子宮頸、外陰或其他身體部位都沒有特別的傷口，處女膜也是完整的。宋哲浩（송철호）醫生，即當時執行驗傷的醫生，說：「若被害人的陰道受過她所說的那種撕裂傷，我不可能看不出來。」這句話記載在診療記錄中。警察醫院的院長在二○○八年五月十九日也向法院證稱，若金小姐的陰道真的有受過她所描述撕裂傷及大量出血，這樣的傷口不可能在五天內癒合，也不可能不留下任何痕跡。法院認為，金小姐在傷勢部分有誇大不實的陳述。

2　在科學上，水沖陰道不可能導致腹部積水

　　金小姐稱鄭明析用水沖她的陰道，導致她的腹部膨脹。法院特別函詢警察醫院院長以及韓國醫療聯盟的主席。警察醫院院長在二○○八年五月十九日回覆：若用淋浴軟管沖洗陰道，僅有極為少量的水最後會進入腹部。韓國醫療聯盟的主席則在二○○八年六月二十七日回

覆，用淋浴軟管沖洗陰道時，通常水無法進入子宮，遑論進入腹部。根據警察醫院的診療記錄，金小姐有疑似腹瀉和急性腸胃炎的症狀。此外，根據二〇〇八年五月十九日醫院院長對法院所詢事項的答覆中，也稱金小姐的腹部膨脹可能是因為腹瀉和急性腸胃炎所導致。綜合上開證據，法院發現被害人似乎是為了誇大其受害內容，謊稱她的腹部腫脹是鄭明析的行為造成的。

3　關於陰莖有無插入一事，警詢證詞與庭審證詞不一致

金小姐在庭審時說：「鄭明析用肥皂潤滑他的陰莖後，插入我的陰道。」但金小姐當初在中國報案時，對中國公安卻說：「鄭明析的陰莖並沒有進入我的陰道，只有他的手指進入陰道。」金小姐對此矛盾的解釋是：「自己當初對中國公安說『鄭明析的陰莖沒有『完全地』進入陰道』，所以公安才如此記錄。」法官接受這樣的說法，認為這不影響金小姐證詞的可信度。

4　金斗煥向攝理教會索要金錢的錄音

法院掌握有一段錄音談話，在該段談話中，Exodus 負責人金斗煥向攝理教會表示，如果能給他二十億韓元，他可以撤回所有對鄭明析的指控。但法院認為這不影響金小姐證詞的可信度。

5　法院判決結果

首爾中央地方法院、首爾高等法院及大法院對本案事實認定鮮有出入，[58]皆認為金小姐對於「性侵致傷」的證詞有誇大不實的成分，但金小姐對於「性侵過程」的證詞是可信的。基於該證詞，金小姐因為對被告鄭明析在信仰上的敬畏以及被性侵後信仰崩潰導致的精神衝

58　判決字號詳參前揭註14。

擊，使其陷於驚愕、困惑等混亂情緒中，處於難以抵抗被告行為的狀
態。被告趁金小姐陷於此精神狀態時施予性侵，符合韓國刑法第二九
九條的構成要件。至於為何金小姐的證詞可信，其理由是「證人對於
被害過程的證詞無內部矛盾，且對於細節描述得很詳細，沒有經歷過
這種情況的人很難作出這樣的證詞，而且被害人受害後的行為以及被
害人在法庭上作證時的態度也沒有任何不自然的地方。」法院判決被
告有罪，有期徒刑十年。

（四）證詞可信性分析以及判決點評

本文接下來會以前述判準，即各國司法實務在面對單一證人的性
犯罪案件時，判斷該證言可信度的兩個因素，即「對於犯罪過程的關
鍵陳述，證人的證詞是否自我矛盾」及「證人的證詞是否與證物呈現
的事實互相矛盾」，分析本案證人證詞的可信性。

1 張小姐的證詞可信性分析

首先，張小姐的證詞有個特別不可信的情境——張小姐是曾經當
庭作偽證的證人。該證人的可信性應受到較低的評價。但張小姐翻供
的證詞則另有一個特別可信的情境——該證詞不利於己。對證人自己
不利的證詞在證據法則上是特別可信的，因為證人通常沒有動機特意
說謊來傷害自己的利益（參考 statement against interest, 804(b)(3),
Federal Evidence Rule）。在張小姐翻供後，法院特別提醒張小姐，是
否知悉她承認刻意說謊，會觸犯偽證罪與誣告罪？張小姐表示知情，
並願意承受這樣的結果。[59]若張小姐真的是性侵的受害者，很難想像
她有任何理由甘願犧牲自己，冒著身陷囹圄的風險去拯救暴力性侵她

---

59 譯自《서울중앙지방법원_2008고합225案》，2008年6月10日庭審筆錄。

的犯人。再者，張小姐也當庭證稱金小姐和金斗煥將她帶到反鄭明析團體「Exodus」的據點，教導她如何在調查人員面前扮演成一個受害者。這段證詞可以和前面提到的錄音，即金斗煥索要金錢的錄音，互相勾稽。

當然，不能排除張小姐被攝理教會收買後才說謊的可能性。但證據顯示，被害人對被告的誣陷動機（因子 M）存在於金小姐而非張小姐身上。金小姐身為 Exodus 的一員，而 Exodus 負責人金斗煥以撤銷金小姐案件的告訴為條件，向攝理教會索要金錢，此錄音足以支持金小姐被 Exodus 收買的可能性。反之，張小姐被攝理教會收買的可能性並無證據支撐，僅為臆測而已。那麼法院是基於怎樣的理由，認定張小姐的證詞全然不可信，而金小姐的證詞全然可信？一審及二審的事實審法院並沒有提出令人信服的理由。

2　金小姐的證詞可信性分析

（1）證詞與驗傷報告矛盾（因子 H、I）

被害人供述與物證矛盾是最各國性侵案件中主要的無罪因子。[60] 驗傷報告顯示金小姐和張小姐的陰道內並沒有鄭明析的精液反應。這或許可以用金小姐和張小姐的證詞，即「鄭明析用水管沖洗其陰道」來解釋。但驗傷報告顯示金小姐和張小姐的陰道並沒有受傷，這顯然與證人的「處女膜破裂、內陰流血，無法行走」等證詞矛盾，甚至一審及二審法院都認定金小姐在這部分的證言誇大不實。這本應是鄭明析無罪的強力證明，但奇怪的是，法院一方面認定金小姐在受傷的部分說謊，另一方面又認為金小姐對於性侵過程的證詞誠實可信，這樣的證據評價確值懷疑。畢竟因性侵所受的傷勢屬於犯罪的核心事實，

60　臺灣科技法學會，前揭註43，頁49。

金小姐陳述的時間也與犯罪時間僅相隔一天，沒有記憶模糊的可能性。既然法院採信金小姐證詞的理由是該證詞「詳盡且無矛盾」，卻將證詞與驗傷報告的矛盾置之不理，這樣的判決理由顯然難以服眾。

（2）證詞自我矛盾 （因子 J）

同前述，證人在無關緊要的細節上縱有矛盾之陳述，法院也不會遽行認定證人說謊。但是在強制性交案件中，「性器有無接合」絕非無關緊要的細節。證人若在關於性器接合的證詞上自我矛盾，對證詞可信度衝擊不可謂不大。

金小姐一開始對中國公安證稱：「鄭明析的陰莖並沒有進入我的陰道，只有他的手指進入陰道」，但是在韓國庭審時卻稱：「鄭明析用肥皂潤滑他的陰莖後，進入我的陰道」，證詞前後並不一致。金小姐對此矛盾的解釋是：「自己當初對中國公安說『鄭明析的陰莖沒有完全地沒入陰道』，所以公安才如此記錄。」，韓國法官接受她的解釋。

本文認為，法官會接受這樣的說法，實在令人匪夷所思。一來，公安筆錄記載的是「陰莖沒有進入陰道，只有手指進入」，是非常明確且特定的內容，與「犯罪嫌疑人的陰莖沒有完全地沒入陰道」差異很大。再者，對於執法人員而言，陰莖進入的深度對於妨礙性自主各罪的法律評價並無影響，因此公安沒有動機詢問或引導被害人做出特定的回答。最後，被害人通常不會在乎加害人的陰莖是否「完全地沒入」她的陰道。被害人不會因為加害人的陰莖只進入一半，她受到的痛苦就減半。在被害人甫受侵害，驚魂未定，內心激動痛苦的時候，更沒有理由在錄製筆錄時特別為加害人緩頰，強調加害人的陰莖並沒有完全進入自己的陰道。金小姐錄製筆錄的時間距離案發時間僅有一天，沒有記憶模糊的可能性，法院卻選擇再次忽視金小姐證言的自我矛盾。法院對於金小姐的證詞「無矛盾」的評價，實在值得懷疑。

（3）有錄音證據支持金小姐有誣陷鄭明析的動機（因子 M）

同前述，金小姐身為 Exodus 的一員，Exodus 負責人金斗煥以撤回金小姐案件之告訴為條件，向攝理教會索要二十億韓幣，該錄音可作為金小姐具有誣陷動機的證據，進而彈劾金小姐證詞的可信性。但法院卻認定此錄音對於金小姐證詞的可信性毫無影響。在一個僅憑一言定罪的判決裡，這樣的斷言實在過於大膽。

（4）鄭明析是否具有壓制金小姐的能力（因子 G）

由金小姐的證述可知，鄭明析性侵金小姐的過程相當暴力，甚至導致金小姐的內陰流血不止。鄭明析的訴訟代理人抗辯：鄭明析在行為時已經是個六十一歲的老人了，而金小姐是個年輕力壯的跆拳道黑帶選手，為何她會任由鄭明析做出如此暴力的行為而全無還手之力？法院認為此乃因金小姐被鄭明析洗腦，導致其被侵害時精神混亂而不能反抗。這個毫無科學證據支持的「洗腦理論」，就這樣成為法院的判決基礎之一。

（五）小結

妨礙性自主罪章的所有罪名都只有兩個舉證重點，一個是性交事實的存否，一個是被告用何種手段壓制被害人的性自主意識。關於性交事實的存否，韓國法院在沒有補強證據的狀況下，僅以金小姐一人的證詞判被告有罪，這是非常容易造成冤獄的作法。再者，縱使韓國法院認定金小姐的證詞「詳盡且無矛盾」，但這點也頗有爭議。本案只有兩個證人，金小姐證稱鄭明析有性侵她，張小姐則證稱：金小姐承認鄭明析沒有性侵金小姐，金小姐的證詞與張小姐的證詞甚至矛盾。金小姐就傷勢的證詞也與驗傷報告矛盾、與醫學常識矛盾，甚至

就被告陰莖有無插入一事也與警詢筆錄的陳述自我矛盾，到了法院都不得不承認金小姐的證詞有誇大不實成分的地步，故被告鄭明析就韓國刑法第三〇一條「性侵致傷罪」的部分不成立。法院一方面認定金小姐就受傷部分的證詞誇大不實，另一方面又認定金小姐就性侵過程的證詞毫無瑕疵，這樣割裂的證據評價實有爭議。就像張小姐的情況一樣，一個當庭說謊的證人，其所有證詞的可信性應該受到較低的評價。既然金小身為證人的可信性應受質疑，其證詞又多有矛盾，法官卻仍依該證詞採為有罪判決的唯一證據，本案的判決基礎薄弱得令人害怕。

再者，就「被告用何種手段壓制被害人的性自主意識」，在本案則是全無證據支持。根據判決理由可知，法官單純用被告新興宗教領袖的身分推定金小姐無法抵抗。意即，因為被告鄭明析是攝理教會的宗教領袖，金小姐對其有信仰上的敬畏，所以她在被性侵時毫無抵抗能力。因為犯罪構成要件是根據被告的身分推定的，也難怪法官會對鄭明析說：「如果是一般上班族的話，就會判無罪了。」[61]

由此案判決我們可以看出，韓國法院是如何根據被告「新興宗教領袖」的身分來做出有罪推定。本案中，韓國法院直接假設了兩個事實，一是洗腦說成立，二是所有攝理教會的信徒均已被鄭明析洗腦。所以即使無任何證據支持，法院依然相信金小姐在案發當下因為被洗腦而處於無法明辨是非、即使被性侵也不會／不能抵抗的狀態。此荒謬處有二，第一是洗腦說缺乏嚴實的科學理論基礎，[62]不能在法庭上作為判決依據。第二是縱使洗腦說有科學基礎，然本案並無證據支持金小姐在案發當時已經被洗腦成功並處於心理上不能抵抗的狀態，此

---

61 詳參註19。

62 詳見Massimo Introvigne, Advocacy, brainwashing theories, and new religious movements, *Religion*, 2014. Vol. 44, No. 2, 303-319.

犯罪構成要件是法院根據被告新興宗教領袖的身分推定而來的，這明顯違反無罪推定原則。

四　結語

如前所述，宗教自由之追求在西方近代累積諸多歷史傳統，也因而擁有堅實的法律基礎。因此即便在一九七〇年代傳統宗教和世俗對當時蓬勃發展的新興宗教發起了一場「反邪教戰爭」，但以美國法庭為中心的諸多判決，最終仍在法律訴訟中延續了這個重視宗教自由的傳統，也保持了重視科學證據、專家證詞的法治精神。[63]然而如前所述，東亞社會由於長期以來的保守性，尤其韓國保守基督教教派已經對韓國社會的輿情方向產生深遠影響，刻意抹黑、鬥臭自己看不順眼的新興宗教團體，甚至影響到最終司法審判的結果，著實透過本文對鄭明析先生相關案件的分析的研究，更能印證。在前述對新興宗教刻意的打壓之脈絡下，鄭明析案件的最後判決結果明顯存有司法審判不公的可能。

正如《認錯：性侵受害人與被冤者的告白》一書故事的主角羅納德‧卡頓一般，因為冤案失去了將近十一年的寶貴光陰。[64]特別鄭明析先生本人前後連續經歷了極權政府中國共產黨的邪教整治（監禁近十個月），又承受號稱民主政府南韓司法的雙重迫害，以六十歲以上的高齡甚至遭到各種刑求（中共監禁十個月之中發生）、監禁超過十年以上的時間，可以說是格外悽慘。也讓這件的性侵冤案，除了類似傳統司法體系迷信證人指控的缺失下，又多了一種當代宗教鬥爭脈絡

---

63 詳見Massimo Introvigne ,The Elementary Forms of New Religious Life and the Laws: 'Sects', 'Cults' and the Social Construction of Moral Panics", pp. 106-107.

64 森炎，《冤罪論》，頁318。

下，造成的一個悲情結果。如同《冤罪論》作者森炎所言，居於審判立場的公民的我們，需要明白法官對我們的判斷的影響也有可能是不良的，[65]也不該只因為有了一個所謂的「判決結果」就把鄭明析先生視為肯定真實有罪的人。因為冤罪最後被發現，往往要經過法律學者或者人權團體持續數十年的批判活動後才得以平反。[66]但在過程中被冤者和其相關人士所受到的傷害卻會一直持續不斷。鄭明析先生所創立的基督教福音宣教會的成員，自然也都因為鄭明析案受到不同程度的污名化和相關傷害。以上可見，鄭明析先生過去因為所謂「性侵案」而被判入獄十年的審判過程和最後的判決內容，確實是充滿爭議。甚至很可能是一場傳統教會打壓新興宗教脈絡下的「性侵冤案」。值得被學者專家重新回歸科學證據、超脫污名化立場的有色眼光後重新嚴格審視。

　　身處鄭明析先生十年刑期關滿出獄後三年半的此時，東亞世界擁有最大人口的集權政府正加緊取締其國內各種宗教活動，也更積極迫害少數民族和宗教。號稱民主政府的司法體系，也曾無情地對少數異議人士做出很明顯有可能是錯誤的無情判決，這些情況都在在更加提醒我們，東亞社會追求宗教自由的努力，仍然方興未艾！臺灣社會相較而言，確實自從解嚴、民主化以來，甚少再次發生什麼傳統宗教或者國家機器公然迫害某少數宗教人士的粗暴行動，讓各宗教都擁有更多寬容和平等，也更值得我們持續珍惜守護這份經由前賢的犧牲所換來得來不易的奮鬥成果。也讓我們未來更期許自己成為國際上關心宗教人權的一份積極、正向的力量。

65　森炎，《冤罪論》，頁271。

66　森炎，《冤罪論》，頁16。

參考書目

張至柔，《性侵害常見有罪認定證據構造之檢討（以被害人指述、驗傷診斷書及 PTSD 為中心）》，國立臺灣大學科技整合法科技整合法律研究所碩士論文，2018。

森炎著；謝煜偉、洪維德、劉家丞譯，《冤罪論》，臺北：商周出版，2015。

臺灣科技法學會，《性侵害案件無罪原因分析之研究──以強制性交案件為中心研究報告》，臺北：法務部，2017。

秋山賢三、荒木伸怡、庭山英雄、生駒巖等著，《痴漢冤罪の辯護》，東京：現代人文社，2004。

秋本彩乃，《命の道を行く：鄭明析氏の歩んだ道（暫譯：行走生命的道路──鄭明析所走過的路程）》，東京：Parade，2019。

珍妮佛・湯姆森（Jennifer Thompson）、羅納德・卡頓（Ronald Cotton）等著；蔡惟方、蔡惟安譯，《認錯：性侵被害人與被冤者的告白》，臺北：游擊文化，2019。

彼得・蓋伊（Peter Gay）著；梁永安譯，《啟蒙運動：自由之科學》，臺北：立緒，2019。

《最高法院103年度臺上字第1256號刑事判決》

《最高法院103年度臺上字第1976號刑事判決》

《最高法院105年度臺上字第176號判決》

《最高法院105年度臺上字第3123號刑事判決》

《最高法院107年度臺上字第887號判決》

《最高法院107年度臺上字第3910號刑事判決》

王兆鵬，〈證人指證之瑕疵及防制──美國法制之借鏡〉，《臺大法學論叢》28卷2期（臺北，1999），頁229-250。

李茂生，〈自白與事實認定的結構〉，《臺大法學論叢》25卷3期（臺北，1996），頁95-121。

李瑞全，〈論宗教容忍與言論自由〉，《玄奘佛學研究》24期（臺北，2015），頁1-28。

李承龍，〈DNA 鑑定科技與發現真相、避免冤獄和人權保障之關連性研究〉，《犯罪防治研究專刊》6期（臺北，2015），頁3-18。

吳景欽，〈性侵害案件中以被害人供述為唯一證據的正當性探討〉，《軍法專刊》第56卷第2期（臺北，2010），頁87-104。

郭銳，〈冷戰後韓國基督教的保守化傾向及對國家政治的影響〉，《世界宗教研究》2014年第4期（北京，2014），頁117-118。

劉世權；楊菲，〈2018年全美冤案平反報告〉，《人民司法》2020年19期，頁83-88。

釋昭慧，〈論自然權利與法定權利概念下的「宗教自由」〉，《思與言：人文與社會科學期刊》50卷1期（臺北，2012），頁235-251。

王怡蓁，〈【掀廢死聲浪】冤案救不完！美「無辜計畫」27年平反逾300件〉，《上報》：2019年03月29日：https://www.upmedia.mg/news_info.php?SerialNo=60229

張婉昀，〈《認錯：性侵受害人與被冤者的告白》書評〉，《報導者》2019/9/7：https://www.twreporter.org/a/bookreview-picking-cotton-our-memoir-of-injustice-and-redemption

《서울고등법원 2008노 2199》

《서울중앙지방법원 2008고합225》

《대법원 2009도 2001》

韓國網路新聞報導，「"전국에이단피해자 200만여명… 그들회심시키려면상담사필요"」：http://m.kmib.co.kr/view.asp?arcid=0924178938。

CGM 官方網站：https://cgm.org.tw/about-us/about-cgm-taiwan。

Massimo Introvigne（1955-）宗教百科網站上對攝理教會的介紹：https://wrldrels.org/2020/10/02/providence-christian-gospel-mission/。

Irving Younger, The Requirement of Corroboration in Prosecutions for Sex Offenses in New York, 40*Fordham Law Review,* 263,265 (1971).

Matthew Hale, History of the Pleas of the Crown 633, (1680).

JusticeGinsburg, Victor v. Nebraksa (92-8894), 511 U.S. 1 (1994).

Cathy Lincoln, Genital Injury: Is it Significant? A Review of the Literature, 41 MED. SCI. & L. (2001).

Sixth Circuit Committee, Pattern Criminal Jury Instructions (2021)

J P Dawson, "Alleged Victim Confesses to framing President Jung and being coached by Anti-JMS organization": https://providencetrial.com/category/blog-posts/addressing-controversies/

Massimo Introvigne , Advocacy, brainwashing theories, and new religious movements,*Religion*, 2014. Vol. 44, No. 2, 303-319.

Massimo Introvigne ,The Elementary Forms of New Religious Life and the Laws: 'Sects', 'Cults' and the Social Construction of Moral Panics, "in Maria Serafimova – Stephen Hunt – Mario Marinov, with Vladimir Vladov (Eds.), *Sociology and Law: The 150th Anniversary of Emile Durkheim (1858-1917),* Cambridge Scholars Publishing, Newcastle upon Tyne, pp. 104-115.

Saehwan Lee, Religion and Public Conflict in the Post-COVID Era: The Case of Protestant Churches in South Korea. *Religions* 2021, 12(10),pp.1-18.

The Anti-Cult Ideology and FECRIS: Dangers for Religious Freedom. A White Paper. Six scholars look at the European Federation of

Centres of Research and Information on Cults and Sects, and conclude it is dangerous for religious liberty.

Spohn Cassia, Untested Sexual Assault Kits: A National Dilemma, 15 *Criminology & Public Policy*, 551, 552(2016); Irving Younger, supra note 4, at 265.

Willy Fautré, COVID-19: Treatment of Clusters in Protestant Churches and the Shincheonji Church in South Korea. A Comparative Study. (*The Journal of CESNUR,* Volume 4, Issue 5 September—October 2020), pp. 86-100.

Cathy Lincoln, Genital Injury: Is it Significant? A Review of the Literature, 41 MED. SCI. & L. (2001).

Sixth Circuit Committee, Pattern Criminal Jury Instructions (2021)

哲學研究叢書・宗教研究叢刊 0702012

宗教自由和東亞新興教會：以基督教福音宣教會為中心（下）

作　　者　蔡至哲

責任編輯　官欣安

封面設計　陳薈茗

特約校稿　林秋芬

發 行 人　林慶彰

總 經 理　梁錦興

總 編 輯　張晏瑞

編 輯 所　萬卷樓圖書股份有限公司

　　　　　臺北市羅斯福路二段 41 號 6 樓之 3

　　　　　電話 (02)23216565

　　　　　傳真 (02)23218698

發　　行　萬卷樓圖書股份有限公司

　　　　　臺北市羅斯福路二段 41 號 6 樓之 3

　　　　　電話 (02)23216565

　　　　　傳真 (02)23218698

　　　　　電郵 SERVICE@WANJUAN.COM.TW

香港經銷　香港聯合書刊物流有限公司

　　　　　電話 (852)21502100

　　　　　傳真 (852)23560735

ISBN 978-986-478-681-7(上冊：平裝).

ISBN 978-986-478-682-4(下冊：平裝).

ISBN 978-986-478-683-1（套號）

2022 年 5 月初版

定價：新臺幣 420 元

全套二冊・不分售

如何購買本書：

1. 劃撥購書，請透過以下郵政劃撥帳號：

　帳號：15624015

　戶名：萬卷樓圖書股份有限公司

2. 轉帳購書，請透過以下帳戶

　合作金庫銀行　古亭分行

　戶名：萬卷樓圖書股份有限公司

　帳號：0877717092596

3. 網路購書，請透過萬卷樓網站

　網址 WWW.WANJUAN.COM.TW

大量購書，請直接聯繫我們，將有專人為

您服務。客服：(02)23216565 分機 610

如有缺頁、破損或裝訂錯誤，請寄回更換

國家圖書館出版品預行編目資料

宗教自由和東亞新興教會：以基督教福音
宣教會為中心/馬西莫.英特羅維吉(Massimo
Introvigne), 蔡至哲著 ; 蔡至哲譯. -- 初版.
-- 臺北市 ： 萬卷樓圖書股份有限公司,
2022.05
冊 ；　公分. -- (哲學研究叢書. 宗教研究
叢刊 ;702012)
ISBN 978-986-478-681-7(上冊 ： 平裝). –
ISBN 978-986-478-682-4(下冊 ： 平裝). –
ISBN 978-986-478-683-1(全套 ： 平裝)
1.CST: 新興宗教 2.CST: 宗教自由 3.CST:
文集
209　　　　　　　　　　　　111006395